어린이교육의 기본 바로 알기 시리즈 ①

현장학습 바로 알기

김희진 · 김현주 · 김은영 · 최명희

대한어린이교육협회 창지사

현장학습 바로 알기

머리말

풀과 나무들이 자연의 섭리대로 매일 조금씩 자라듯이 아이들도 매일 한 뼘씩 자랍니다. 아이들은 자신이 속한 세상으로부터 많은 것을 배우며 자랍니다. 자신의 몸에서 출발한 호기심은 조금씩 넓은 세계로 옮겨갑니다. 가족과 친구, 그리고 매일 가는 유치원이나 어린이집으로, 학교로, 우리 동네로, 내가 속한 도시와 우리나라로, 그리고 세계와 미래로 점차 넓고 깊게 호기심을 키워갑니다.

아이들은 세상에 대한 호기심을 충족하면서 자신이 소중하고 가치 있는 존재임을 알게 되고 자신이 속한 사회에 기여하는 어른이 되고 싶다는 꿈을 꿉니다. 아이들은 어른들이 일부러 지어 만든 말쑥한 지식보다는 스스로 선택하고 부딪히며 얻은 어설픈 경험으로부터 더 중요한 가치를 배우기 때문입니다.

계절이 바뀔 때마다, 교실 안에서의 관심 있는 주제가 바뀔 때마다, 그리고 우리가 속한 사회의 가치를 가르쳐주고 싶을 때마다 우리 어른들은 아이들에게 경험시켜 주고 싶은 것이 참 많습니다. 하지만 한편으론 아이들의 손을 이끌고 어른들이 결정한 곳으로 데려갈 때면 아이들이 그 곳에서 즐거운 학습을 경험하게 될지 걱정이 앞서곤 합니다. 현장학습이 의미 있으려면 그 의미의 출발이 아이들로부터 시작되어야 한다는 것을 잘 알고 있기 때문입니다.

이 책에서는 현장학습의 의미에 대한 고민을 나누어 보려합니다. 최근에는 사회적으로 현장체험의 교육적 효과에 대한 관심이 높아져서 다양한 형태와 주제의 현장학습 장소가 우후죽순처럼 생겨나고 있습니다. 그러나 정작 어떤 장소를 선정하고 어떻게 진행할지에 대한 해답을 찾기는 어렵습니다. 현장학습이 일회성의 관광처럼 그럴듯한 기념사진 몇 장 남기는 행사로 그치지 않으려면 아이들의 흥미와 관심을 효과적으로 이끌고 유지하여 더 높은 학습으로 연계시키는 것이 바람직할 것입니다.

이 책의 저자들은 교실과 현장학습이 효과적으로 만날 수 있는 방법을 찾아보려 하였습니다. 현장학습의 가치와 의미를 탐색해 보았고, 장소를 선택할 때 염두에 두어야 할 내용을 짚어보았습니다. 그리고 생활주제를 중심으로 풀어나갈 때의 효과적인 방법과 문화예술을 즐기게 하기 위한 바람직한 방법을 실제 중심으로 소개하였습니다.

이 책에서 현장학습의 모든 면을 만날 수는 없겠지만 우리가 중요하게 여기고 있는 가치를 다시 확인할 수 있는 계기가 되시기를 바랍니다. 아이들과 좀 더 기분 좋은 나들이를 다녀오시는 데 이 책이 작은 도움이 되었으면 좋겠습니다. 그래서 아이들이 자기가 속한 지역과 사회에 대해 이해하고 그 사회에 기여하는 어른으로 성장하고자 하는 마음의 씨앗이 생겨나기를 기대해 봅니다.

2011년 6월
저자 일동

차 례

07 Ⅰ. 현장학습 바로 알기

1. 정의
2. 현장학습의 목표
3. 현장학습의 운영형태
4. 현장학습의 운영

20 Ⅱ. 현장학습 장소 선정하기

1. 물리적 공간에 대한 고려
2. 내용에 대한 고려

32 Ⅲ. 장르에 따라 문화예술 즐기기

1. 문화예술의 의미
2. 문화예술 관련 현장학습의 목표
3. 문화예술 관련 현장학습의 계획 및 실시
4. 사전 · 사후 활동의 실제

52 Ⅳ. 연령에 따라 생활주제로 풀어보기

1. 현장학습 진행 시 영아와 유아의 차이점
2. 연령에 따른 사전 · 사후 활동의 실제

69 Ⅴ. 나들이 정보

Ⅰ. 현장학습 바로 알기

1. 정의

현장학습은 견학이라고도 불리며 교실에서 경험할 수 없는 교육 내용을 현장을 통해 구체적이고 직접적으로 경험하는 활동이다. 현장학습은 영유아가 흥미를 가지고 쉽게 이해할 수 있도록 도움을 주어 영유아의 활동을 촉진, 강화, 확장시켜 주는 매우 효과적인 학습 활동이다.

2. 현장학습의 목표

유아교육기관에서 실시하고 있는 현장학습이 교육적으로 중요하고 가치 있는 일임에도 불구하고 의미 없이 '어디로 현장학습을 다녀왔다' 라는 것만 내세우는 행사의 일환으로 실시되는 경우가 있다. 따라서 현장학습에서는 다음의 목표가 이루어지도록 계획, 진행, 평가되어야 한다.

- 영유아와 세상(실제 삶)을 연계하기
- 영유아의 시각을 깊고 넓게 하기
- 평생 지속될 수 있는 흥미 개발하기
- 학습하는 주제에 대한 개념 형성 및 지식 확장하기
- 시민의식 함양하기

교사들의 생각은?

현장학습의 목표에 대한 교사의 생각

- 현장학습을 실시하는 이유는? 생활주제를 전개하기 위해서
- 현장학습의 실시 목적은? 교실 안에서 할 수 없는 다양한 경험의 기회를 주기 위해서

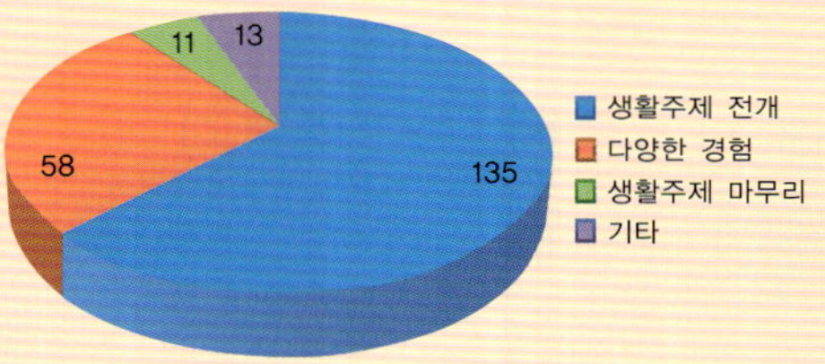

현장학습 실시 이유

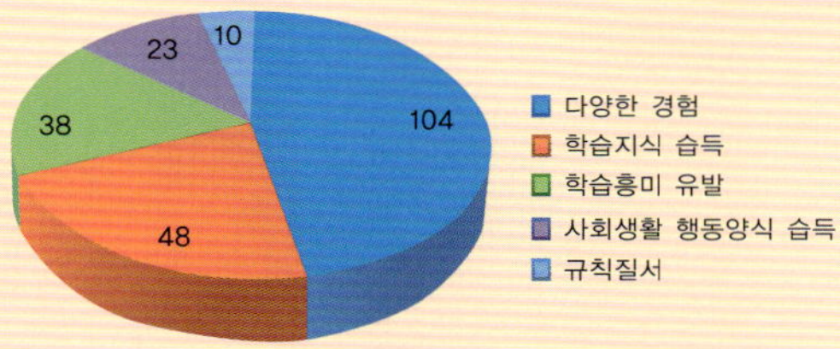

현장학습 실시 목적

※ 2011년 유치원 및 어린이집에 재직 중인 0세~만 5세 담당교사 및 원장, 원감 192명을 대상으로 한 연구임/ 추후 제시되는 결과는 동일한 연구의 결과임

3. 현장학습의 운영 형태

- 지역사회
- 자연체험
- 문화예술
- 놀이체험

4. 현장학습의 운영

1) 계획

현장학습의 여부 결정(생활주제와의 연계 시)

- 주제의 적합성 : 생활주제에 적합한 곳인가?

• 방법의 적합성 : 교육목표를 달성하는 데 최선의 방법인가?
• 발달의 적합성 : 발달에 적합한가?
• 흥미의 적합성 : 흥미를 이끌 수 있는가?

장소 선정

• 교통편
• 소요시간
• 비용
• 장소의 적절성(연령, 인원, 시설 등 인적 · 물리적 환경)
• 현장학습 프로그램
(예 전시라면 전시 방법이 글이나 그림인지, 만지게 하는지 등)

장소 신청 및 허락

• 인터넷, 전화 등을 통한 신청 및 예약
• 필요 시 공문발송을 통해 허락 요청

사전 답사

• 안전사항 확인
• 편의성(영유아에게 적합한 인적 · 물적 편리성)
• 담당자와의 만남을 통해 도움 요청 및 사전 정보 확보
• 프로그램 계획 및 대체 프로그램 계획

기관에서의 사전 준비

• 가정통신문 발송(허락)
• 자원봉사자 모집 및 역할 배정
- 항상 아이들과 있을 것
- 각 개별 영유아의 특성(예 약, 건강 상태 등) 파악
- 자세한 하루 일정 숙지
- 비상사태 시의 절차 및 연락할 사람 알기
- 학급 규칙, 기대, 결과 인식

- 세부일정 계획 및 업무 분담
- 취소될 경우 대체 일과 계획 준비
- 예약상황 및 인원 재확인
- 교통편 재확인
- 필요한 물품 확인 및 준비(비상약품/ 각 영유아의 비상 연락처 포함)
- 보험 가입 여부 확인(차량 포함)

교사들의 생각은?

현장학습 계획에 대한 교사의 생각

- 현장학습을 계획하는 시기는? 교사회의를 통해 연간 계획 수립 시 또는 연간을 기초로 월별로 조정
- 현장학습 장소에 대한 정보 습득은? 인터넷사이트나 사전 답사를 통해
- 현장학습 장소 선택 시 고려사항은? 생활주제와 연령에 대한 고려
- 현장학습 계획 시 어려운 점은? 발달에 적합한 현장학습 장소의 부재

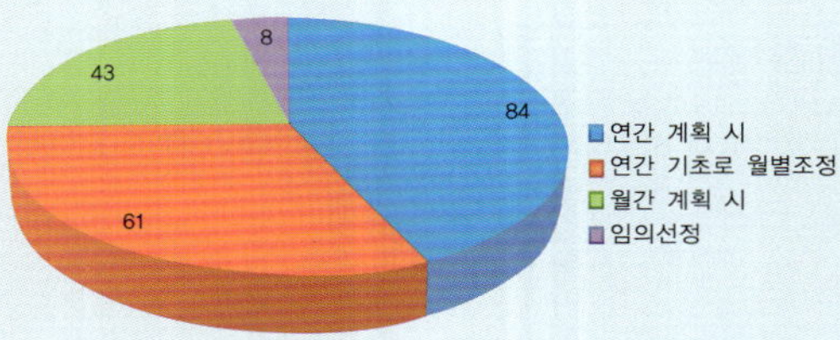

현장학습 계획 시기

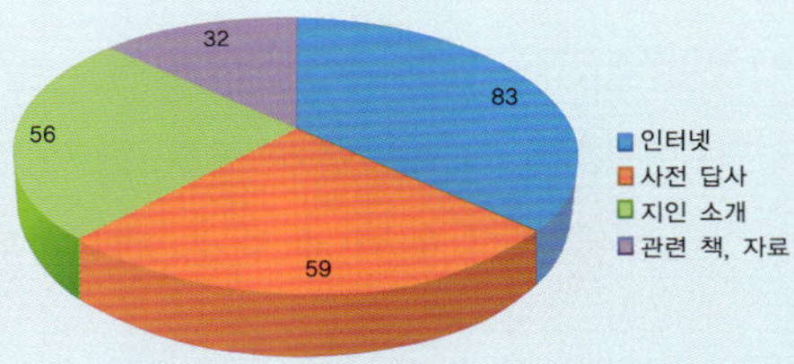

현장학습 장소 정보 습득

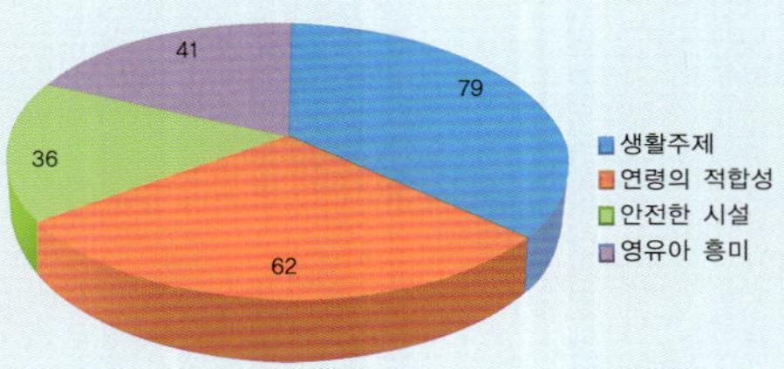

현장학습 장소 선택 시 고려사항

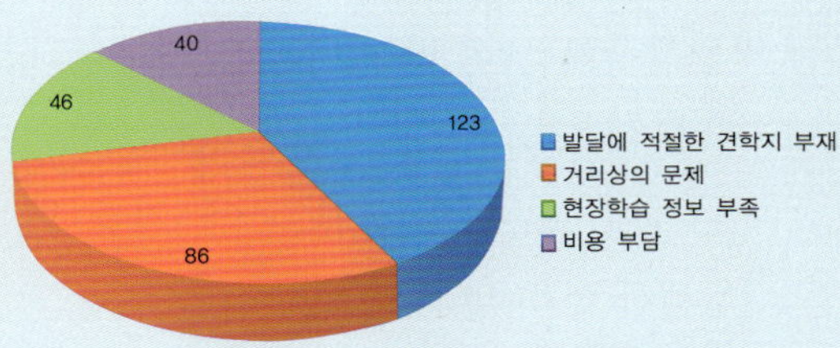

현장학습 계획 시 어려운 점

현장학습 참여 동의서의 예

현장학습 안내

안녕하십니까?

우리 유치원에서는 어린이가 주변의 미술관을 일상적으로 방문하고 미술 감상을 즐기는 태도와 예술적 상상력, 감수성을 기르기 위해 미술관 현장학습을 계획하였습니다. 아래 사항을 보시고 귀댁의 자녀를 현장학습에 참여시킬 것인지 여부를 ○○월 ○○일 ○요일까지 회신하여 주시기 바랍니다.

▶ 미술관 현장학습 일정 안내

- 일 시 : 20○○년 ○○월 ○○일 ○요일
  오전 9시 30분 출발/ 오후 2시 도착 예정
- 대 상 : 만 5세 3학급
- 준비물 : 물, 물수건, 도시락과 간단한 간식
- 복 장 : 관람하기 편한 옷차림과 신발

……………절……………취……………선 ……………

현장학습 동의서

본인은 자녀의 현장학습 참여에 동의합니다.(　　)

본인은 자녀의 현장학습 참여에 동의하지 않습니다.(　　)

____________의 보호자 ____________(서명)

20○○년 ○○월 ○○일

○ ○ 유 치 원 장 귀하

현장학습 참여 동의서

현장학습(견학 및 나들이)은 유치원 밖에서 이루어지는 활동이므로 부모님의 동의를 받아야 합니다. 본 기관에서는 생활주제에 따라 월 1~3회의 현장학습을 실시하고 있어 매 회마다 동의서를 받기에 어려운 점이 많습니다. 가정통신을 통한 현장학습 안내를 참고하여 자녀를 등원시킨 경우에는 부모님께서 현장학습 참여에 동의하시는 것으로 간주합니다.

본인은 자녀의 현장학습 참여에 대한 위 내용에 동의합니다.

____________의 보호자 ____________(서명)

20○○년 ○○월 ○○일

○ ○ 유 치 원 장 귀하

2) 진행

현장학습은 실시 당일 중심으로만 이루어져서는 안 되며 구체적인 계획에 따라 도입, 전개, 마무리의 단계를 거쳐 철저히 실시될 수 있도록 해야 한다.

(1) 도입

현장학습의 도입단계에서는 현장학습이 목표를 가지고 실질적으로 잘 이루어지기 위해 영유아와 함께 무엇을 학습할지 결정하고 사전 활동을 통해 사전 지식을 점검하고 관련된 정보를 미리 습득하여 도움이 되도록 한다.

사전 활동

- 사전 활동은 공통적으로 실시되는 활동도 있지만 운영 형태의 특징에 따라 달라질 수 있음

운영 형태에 따른 사전 활동의 예

운영 형태	사전 활동
지역사회	• 가서 무엇을 볼 수 있을지 예상한 것을 그려보거나 이야기해 보기 • 궁금한 것에 대해 질문 목록 만들기 • 모둠별로 알고 싶은 것에 대해 정해 보기 • 현장학습 장소까지 가는 길 그려보기(자주 다녔던 길일 경우) • 부모님과 현장 학습지의 정보 알아보기 • 현장에 관련된 사진이나 그림 제시하기 • 사진이나 인터넷을 통해 정보 공유하기 • 장소, 위치, 주의사항에 대해 설명 듣기 • 현장학습 시 필요한 물품 준비 또는 만들기(동물 먹이, 헌화할 꽃, 지갑, 가방 등) • 역할영역이나 쌓기영역에서 상상하여 놀이하기 • 가봤던 경험이 있는 영유아의 이야기 들어보기
자연체험	• 가서 무엇을 보고 무엇을 할 수 있을지에 대해 이야기해 보기 • 하고 싶은 일과 할 수 있는 일에 대해 토론하기 • 가서 할 활동에 대해 준비하기(예 자연물로 액자 꾸미기, 머리띠 만들기 등) • 장소, 위치, 주의사항(자연물 훼손 금지)에 대해 설명 듣기 • 사진이나 인터넷을 통해 정보 공유하기 • 역할영역이나 쌓기영역에서 상상하여 놀이하기 • 과학영역에서 채집할 것에 대해 미리 알아보기(책, 게시물 등을 통해)

운영 형태	사전 활동
문화예술	• 현장학습 장소에서의 관람물과 시설물에 대해 알아보기 • 관람물에 대한 관련 자료나 사진 보기 • 관람물과 시설물 중 관심 있는 것 말해 보기 • 장소, 위치, 주의사항(관람태도 등)에 대해 설명 듣기 • 모둠별로 알고 싶은 것에 대해 정해 보기 • 공연 내용과 관련된 도서 읽기 또는 동화 듣기 • 동화 듣고 미리 공연해 보기 • 들을 음악이나 무용 미리 감상해 보기
놀이체험	• 놀이나 체험 가능한 활동에 대해 알아보고 무엇을 할 것인지 선택하거나 계획해 보기 • 안전이나 규칙에 대해 이야기하기

교사들의 생각은?

사전 활동에 대한 교사의 생각

- 가장 많이 하는 사전 활동은? 사진이나 영상자료를 통한 이야기 나누기

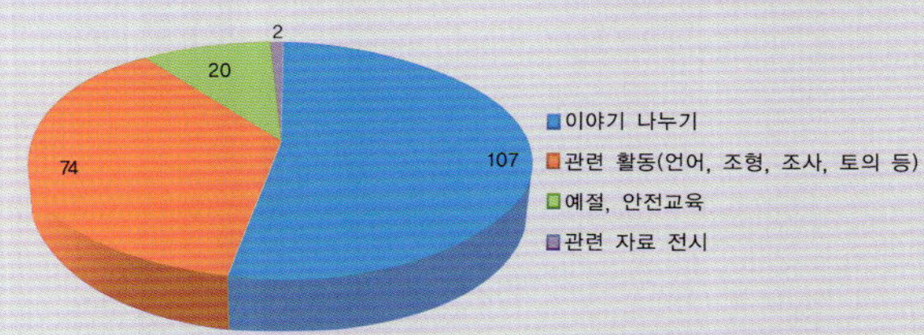

현장학습 사전 활동

(2) 전개

현장학습을 효과적으로 실시하기 위해서는 현장학습이 실제로 이루어지는 날 계획대로 철저히 이루어질 수 있도록 출발 전부터 도착하기까지 수시로 점검하고 준비할 수 있도록 해야 한다.

당일 점검사항

- 참여 인원 파악
- 건강 상태 점검
- 준비물 재확인(구급약, 여벌옷, 기저귀, 물티슈 등 현장학습 시 필요한 물품)
- 기사와 함께 장소 확인(지도 공유 및 소재지 주소 확인)
- 현장에 미리 연락하기(출발 시간 및 인원 알리기, 도착예정 시간, 만남의 장소 확인 등)

본 활동

- 인원 점검 및 화장실 가기
- 일정 안내 및 장소 안내(소지품이 있을 경우 일정한 장소에 두고 이동)
- 안내자의 도움을 받을 경우 짧고 간단하며 수준에 적합한 내용을 요구
- 계획된 활동 진행(우연히 발생된 활동도 진행 가능)
- 탐색, 조사, 관찰, 기록, 채집, 관람 등 목적에 따라 가장 효과적인 방법 선택
- 사고가 단절되지 않도록 지나친 설명과 통제를 지양
- 영유아가 흥미 있어 하는 것에 관심을 가지고 주의를 기울임
- 교사 주도가 아니라 영유아 스스로 알아갈 수 있도록 기회 마련
- 알아보고자 했던 것에 대해 충분한 시간 제공과 휴식시간 마련
- 사후 활동을 위한 사진이나 동영상 찍기 및 메모하기
- 시간, 날씨 등 상황에 따라 융통성 있게 활동 조절하기
- 사전 · 사후 활동을 고려하여 목요일에 실시하는 것이 적합

기관으로 출발 전

- 기사와 연락(예정시간 및 장소 확인)
- 인원 점검 및 화장실 가기
- 사고여부 확인 및 소지품 점검

교사들의 생각은?

현장학습 장소에 대한 교사의 생각

- 현장학습 장소의 문제점은? 정원초과
- 현장학습 시 효과적인 도움은? 영유아의 수준에 적합한 인솔자

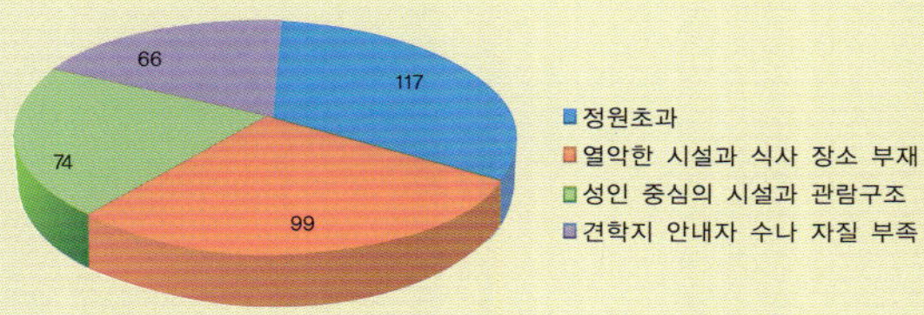

현장학습 장소 문제점

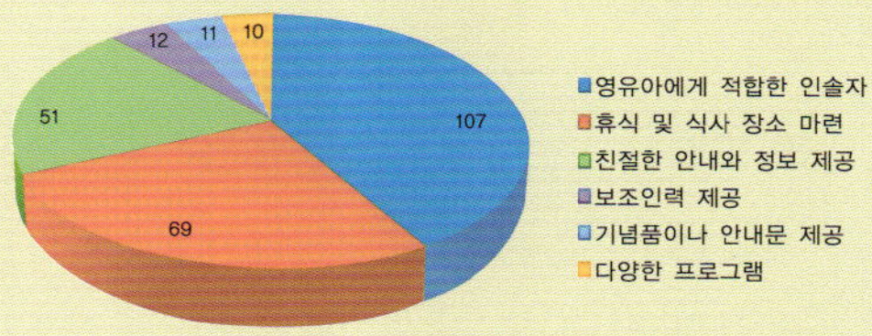

현장학습 시 효과적인 도움

즉각적으로 반응해 주지 못한 이유

자전거 가게에서 자전거를 돌아보며 설명을 듣고 있었다.
안장 앞쪽에 구멍이 나 있는 것을 발견한 정우가 묻는다.
"아저씨, 이 구멍은 왜 있어요?"
선생님을 곁눈으로 슬쩍 쳐다본 주인아저씨가 곤란해 하며 대답한다.
"으응, 타기 편하라고." "그런데 구멍이 있으면 왜 타기가 편해요?"
주인아저씨가 멋쩍게 웃으며 자리를 피하자 주인아주머니가 대답한다.
"남자들이 오래 타면 ...저...아프니까 구멍을 뚫어 놓은 거야."
채워지지 않는 궁금증으로 다시 정우가 묻는다. "그런데 왜 남자는 오래 타면 아파요?" 아주머니는 웃으며 가게 안으로 들어가고, 선생님은 눈을 찡긋하며 정우를 안아준다.
"유치원에 가서 다 말해 줄게" 하고 속삭이면서.
결국 유치원에 와서 다 설명해 주셨다는데, 어디까지 설명해 주셨는지.

(3) 마무리

현장학습을 다녀와서 교사는 실시한 목표를 실천했는지 또는 실천하기 위해서 사후 활동 및 평가가 이루어지도록 한다.

사후 활동

운영 형태에 따른 사후 활동의 예

운영 형태	사후 활동
지역사회 돌아보기	• 가서 무엇을 경험했는지 그려보거나 이야기해 보기 • 그리거나 만든 것을 묶어 기관 도서관에 비치하기 • 궁금한 것에 대해 알게 된 것 이야기해 보기 • 모둠별로 조사한 것 발표하기 • 부모님과 현장학습 장소에 대해 이야기해 보고 더 알고 싶은 것에 대해 알아보기 • 현장에서 찍은 사진이나 동영상을 보면서 회상하기 • 역할영역이나 쌓기영역에서 재현해 보기 • 쌓기영역에서 갔던 길 꾸며보기 • 감사 편지나 카드 쓰기 • 매년 가는 곳이라면 내년에 갈 후배들을 위해 어떤 곳인지 써주기
자연체험	• 가서 무엇을 경험했는지 그려보거나 이야기해 보기 • 그리거나 만든 것을 묶어 기관 도서관에 비치하기 • 준비한 활동, 실행한 경험 나누기 • 일어난 순서대로 이야기 꾸며보기 • 역할영역이나 쌓기영역에서 재현해 보기 • 본 것이나 느낀 것을 신체로 표현해 보기 • 과학영역에서 채집해 온 것 관찰하기 • 수집해 온 자연물로 환경 꾸미기 • 하루 일과에 관한 스토리 북 만들기 • 매년 가는 곳이라면 내년에 갈 후배들을 위해 어떤 곳인지 써주기
문화예술	• 가서 무엇을 경험했는지 그려보거나 이야기해 보기 • 그리거나 만든 것을 묶어 기관 도서관에 비치하기 • 모둠별로 조사한 것 발표하기 • 가장 관심 있었던 전시물에 대해 이야기해 보기 • 본 작품을 만들어 보거나 재구성해 보기 • 공연 내용과 관련된 도서 읽기 또는 동화 듣기 • 동극으로 표현해 보기 • 들었던 음악이나 무용 다시 감상해 보기

운영 형태	사후 활동
문화예술	• 본 것이나 느낀 것을 신체로 표현해 보기 • 다녀온 후 현장학습 장소의 가장 중요한 면이 강조되도록 안내지나 광고문안 만들기 • 가져온 안내지나 포스터 전시하기 • 매년 가는 곳이라면 내년에 갈 후배들을 위해 어떤 곳인지 써주기 • 다른 교실이나 다른 연령의 교실에 가서 발표하기
놀이체험	• 가서 무엇을 경험했는지 그려보거나 이야기해 보기 • 그리거나 만든 것을 묶어 기관 도서관에 비치하기 • 잘한 점, 잘못한 점에 대해 평가해 보기

평가

- 자체평가 및 회의를 통해 평가(내년이나 사후 계획 시 참조)
- 현장학습 장소에 피드백 제공(인터넷, 전화, 편지 등)
- 보고서 작성(계획서와 함께 보관)

기타

- 현장학습은 내용적 측면과 정의적 측면(예 과학, 읽기, 예술에 대한 긍정적인 느낌 또는 자연을 보호하려는 마음이 생기는 것)의 목표를 이뤄야 함
- 영유아에게 초등학생처럼 적어오게 하는 것을 지양해야 함
- 너무 많은 구조는 영유아에게 기쁨을 앗아가고, 너무 적은 구조는 내용적 측면의 목표 달성을 저해하므로 균형이 필요함
- 영유아가 자발적 동기유발이 되도록 하는 것이 중요함

교사들의 생각은?

사후 활동에 대한 교사의 생각

- 가장 많이 하는 사후 활동은? 경험화 그리기, 다녀온 소감 이야기 나누기

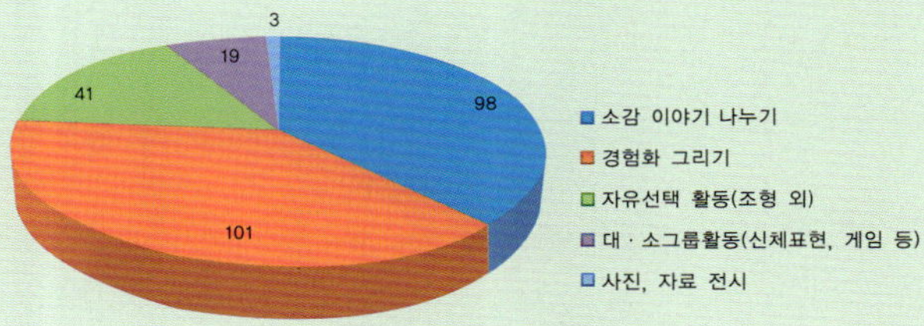

현장학습 사후 활동

현장학습 계획 및 평가의 예

<table>
<tr><td rowspan="2">확인</td><td>담당교사</td><td>원장</td></tr>
<tr><td></td><td></td></tr>
</table>

<table>
<tr><td>장소</td><td colspan="2">과천 국립현대미술관</td><td>일시</td><td>20○○년 ○○월 ○○일 ○요일</td></tr>
<tr><td>행사
목적</td><td colspan="4">• 다양한 미술작품 감상을 통해 예술적 상상력과 감수성을 기른다.
• 주변의 미술관을 일상적으로 방문하고 미술 감상을 즐기는 태도를 기른다.</td></tr>
<tr><td>예약
상황</td><td colspan="2">• 인터넷으로 예약
• 원형전시실 관람 여부 전화로 확인함
(학예연구팀 ○○○ 02-2188-6137)</td><td>참가
인원</td><td>만 5세 3학급(62명)</td></tr>
<tr><td rowspan="4">사전
답사</td><td>소요시간</td><td>40분</td><td>식사장소</td><td>• 야외 조각장 잔디밭 무대</td></tr>
<tr><td>사진촬영</td><td>• 백남준 작품이 있는 중앙홀과 계단, 실외에서만 가능</td><td>화장실</td><td>• 1층 원형전시실에서 나와 왼쪽에 화장실, 남녀 화장실이 떨어져 있어 인솔자 필요함, 야외 화장실</td></tr>
<tr><td>입장료</td><td>무료</td><td rowspan="2">기타</td><td rowspan="2">• 홈페이지의 전시장 안내 지도
• 답사 시 사진을 참고로 동선 계획</td></tr>
<tr><td>교통편</td><td>• 유치원 버스 2대 이용
• 주차 : 경마공원 무료주차장 이용</td></tr>
<tr><td>준비물
및
업무
분담</td><td colspan="4">• 교사 준비물 : 구급약, 수건, 휴지, 물수건, 디지털 카메라, 일정표와 유아 연락처, 돗자리 반별 2개, 교사 도시락과 음료수, 여벌옷 1벌, 차량별로 물 1병씩
• 유아 준비물 : 물, 물수건, 도시락과 간단한 간식
• 확인사항 : 교생 OT, 예약 및 확인, 차량 기사와의 협의</td></tr>
<tr><td rowspan="2">활동
계획</td><td colspan="2">일정</td><td colspan="2">비고</td></tr>
<tr><td colspan="2">• 09:10 – 09:30 인원 점검 및 화장실 다녀오기
• 09:30 – 10:20 버스 탑승 및 이동
• 10:20 – 10:40 미술관 도착 및 가방 정리
• 10:40 – 11:30 미술관 돌아보기/ 야외조각장
• 11:30 – 12:10 점심식사
• 12:10 – 13:00 야외조각장/미술관 돌아보기
• 13:00 – 14:00 화장실 다녀오기 및 유치원 도착

※ 실내와 실외 관람으로 나누어지도록 반별로 세부 일정 계획하기</td><td colspan="2">• 사전 활동
– 홈페이지 검색(야외조각장, 원형전시실 작품)
– 원형전시실 작품 설명 안내지 보기
• 본 활동
– 조형 활동에 활용할 수 있도록 관심 있는 작품을 자세히 살펴보도록 이야기하기
– 야외 조각상 제목 지어보기, 조각상 동작 따라하기
• 사후 활동
– 공동으로 작업할 수 있는 작품 정해서 조형 활동하기
– 각 반의 작품 감상하기</td></tr>
<tr><td>평가</td><td colspan="4">• 답사 시 작품을 여유 있게 감상하고 리플릿의 작품 설명을 참고했기 때문에 유아에게 작품을 소개하기 좋았음
• 작품 '노래하는 사람' 작동시간이 아니어서 소리를 듣지 못함/ 미리 작동시간을 확인하고 가능하면 시간을 맞추어 이동하면 좋을 것임
• 원형전시실 위주로 감상한 후 다른 전시실은 시간 여유에 따라 융통성 있게 관람한 것이 좋았음
• 미술관 앞의 조형물을 감상하며 유아 활동 사진 찍기 좋음
• 카메라 충전 상태 확인 필요함
• 초중고등학교 현장학습 시기보다 조금 일러서 활동하기 좋았음
• 전시실 중앙에 보호장치 없이 전시된 조각상을 감상할 때 안전한 거리를 유지하는 것이 힘들었음
• 유아와 관람 예절이 필요한 이유에 대해 각 상황별로 이야기를 나눌 필요 있음</td></tr>
</table>

현장학습 바로 알기

II. 현장학습 장소 선정하기

1. 물리적 공간에 대한 고려

1) 안전한 공간

"아이들은 새롭고 낯선 환경을 두려워하지 않는다. 낯선 환경으로부터 발생할 지도 모르는 위험을 예측하지 못하기 때문이다. 그러므로 아이들의 호기심을 존중하는 어른들이 위험을 예측해 주는 노력을 한다면 그것은 아이들이 세상을 향해 두려움 없이 도전할 때 안전한 울타리가 되어줄 것이다."

(1) 경로

영유아가 도보나 차량을 이용하여 현장학습 장소로 이동할 때 신체적으로 위험하거나 정서적으로 유해한 요소가 있는지 점검한다.

- 차량 이동이 많거나, 교통안전 장치가 없는 도로를 건너야 하는지
- 인도가 확보되지 않은 도로를 걸어가야 하는지
- 사람들의 이동이 복잡한 장소를 지나가야 하는지
- 바닥면이나 주변의 건물 또는 자연물로 인한 위험이 있는지
- 공사현장이나 기타 작업 중인 장소를 지나가야 하는지
- 유흥업소 등 도덕적으로 유해한 환경이 있는지
- 장시간 이동으로 건강상의 문제가 발생할 우려가 있는지

(2) 차량

대부분의 현장학습에서 차량을 이용하는 데 차량자체의 안전설비, 승하차 시의 안전사항을 사전에 점검한다.

- 어린이보호차량 등록이 되어 있으며 스티커가 부착된 차량인지
- 어린이용 카시트 등 보호장구가 마련된 차량인지

- 소화기와 안전점검표가 있는지
- 승하차를 위한 공간이 충분히 마련되어 있는지
- 승하차 장소로부터 이동할 때 위험 요소가 없는지
- 차량기사에 대해 잘 알고 있거나 긍정적인 사전정보를 들었는지

(3) 위생

현장학습 장소의 실내 또는 실외 공간이 청결하고 위생적으로 관리되고 있는지 점검한다.

- 환기장치가 있거나 자연적인 통풍이 잘 이루어지는지
- 실내공간이나 가구설비 등이 깨끗한지
- 체감온도와 습도가 잘 유지되고 있는지
- 세면대, 화장실 등이 수시로 정리되고 있으며 점검표가 있는지
- 전시물, 놀잇감 등이 청결하며 파손되거나 찢어진 부분이 수선되어 있는지
- 소독필증이나 위생적인 관리를 하고 있다는 내용이 게시되어 있는지
- 위생을 위한 기관의 수칙 등을 정하고 있는지
- 악취가 나거나 해충이 서식할 만큼 비위생적인 공간이 있는지

(4) 응급상황과 재난으로부터의 대처방안

공간에 익숙하지 않은 성인과 영유아이므로 다쳤을 때의 대처방법이나 화재, 기자재 작동 이상과 같은 재난이 발생했을 때의 대피방법에 대해 잘 알지 못하여 피해를 크게 입을 수 있다. 그러므로 현장학습의 대처방법이 잘 마련되어 있는지 미리 알아보아야 한다.

- 화재경보장치, 소화기, 대피로 안내 표시가 마련되어 있는지
- 비상대피로가 확보되어 있고 영유아에게 적합한 위치인지
- 주변이 소방도로인지
- 영유아의 안전사고에 대한 상해보험 등이 가입되어 있는지
- 응급처치를 위한 의무실이나 비상약품이 비치되어 있으며 잘 보이도록 알려주는지
- 심폐소생술 가능자가 있는지

- 응급상황 시에 이용할 수 있는 인근의 병원이 있는지
- 현장학습 시설에 응급상황에 대비한 응급조치 방법, 역할분장 또는 매뉴얼이 있는지

안전을 위해 점검해 보세요

번호	점검할 내용	V
1	이동하는 경로의 주변 환경이나 도로교통 상황이 안전한가?	
2	도덕적으로 유해한 환경이 없는가?	
3	날씨, 연령 등의 요소를 고려하여 이동시간이 적절한가?	
4	어린이보호차량을 이용하며 승하차 장소가 안전한가?	
5	실내의 온도, 습도, 환기 상태의 유지가 적절한가?	
6	공간과 시설 등이 청결한가?	
7	청결과 위생관리를 하고 있다는 안내 자료가 있는가?	
8	응급처치를 위한 공간과 비상약품이 있는가?	
9	화재예방과 대피를 위한 시설물이 유지 · 관리되고 있는가?	
10	영유아의 안전사고에 대한 대응지침이 있는가?	

2) 매력적인 공간

"아이들은 자신을 둘러싼 세상으로부터 배운다. 누가 가르쳐주는 것이 아니라 자신이 보고, 듣고, 느낀 것으로부터 자연스럽게 배운다. 그러므로 어른들은 아이들의 눈길을 끌고, 귀를 열고, 감각으로 느끼게 하는 요소가 무엇인지 잘 알아야 한다."

(1) 흥미를 끄는 요소

영유아는 스스로 호기심과 흥미를 느낄 때 잘 탐색하고 몰입한다. 교사가 현장학습을 통해 가르쳐주고자 하는 지식과 영유아가 흥미를 느끼는 것이 다를 때도 있고, 어른이 보기에 매우 사소한 것에 몰입하여 자기 나름의 교육적 의미를 획득하기도 한다.

- 자연채광 또는 조명을 이용하여 명암의 요소를 사용하고 있는지
- 색채나 디자인에서 영유아에게 밝은 느낌을 주는지
- 안정감을 느낄 수 있는 색깔의 톤을 사용하였는지
- 재미있는 코너나 입체물, 놀잇감 전시방법 등이 있는지
- 자연물이 주는 아름다움을 느낄 수 있는 공간이 있는지
- 신체적으로 에너지를 발산할 수 있는 공간이 있는지

(2) 감각적 자극

현장학습 환경으로부터 오감을 자극받아 오감을 활용하여 탐색할 수 있다면 매우 바람직한 현장학습의 효과를 거둘 수 있다. 현장학습 장소에 오감을 자극하는 요소가 있는지 살펴본다.

영유아가 직접 탐색하고 체험할 수 있는 충분한 공간과 프로그램이 있다.

- 시각적으로 아름답고 적절한 자극의 요소가 있는지
- 자연미와 인공미를 느낄 수 있는 대상이 있는지
- 다양한 소리를 들을 수 있는 요소가 있는지
- 활동에 따라 방음장치가 되어 있거나 시끄러운 공간으로부터 분리된 곳이 있는지

- 의사소통이 필요한 활동에서는 충분한 의사소통이 이루어질 수 있는지
- 후각을 자극하는 활동 공간이 있는지
- 촉감을 자극하기 위하여 다양한 소재의 건축 자재나 재료 등을 사용하였는지
- 영유아가 자유롭게 탐색할 수 있는 안전한 공간이 있는지

오감계획표 〈현장학습 장소의 무엇으로부터 오감을 열어줄까?〉

오감 요소	오감체험 미리 생각해 두기
눈길을 끌기 위해	
소리를 듣기 위해	
냄새를 맡기 위해	
맛을 느끼기 위해	
촉감의 자극을 위해	

(3) 경험과의 관련성

영유아는 새로운 경험이 이전에 본적이 있는 것, 이미 좋아하고 있는 것, 일상생활이나 유아교육기관에서의 교육 내용과 관련된 것일 때 더 잘 몰입하고 지식을 획득한다. 그러므로 현장학습에 영유아의 일상과 관련된 요소가 있는지 고려해 보고, 만약 매우 낯선 경험이라면 반드시 사전 활동을 함으로써 현장학습이 의미 있는 활동이 되도록 한다.

- 생활주제 또는 프로젝트와 관련 있는 내용이 있는지
- 현장학습의 구성 요소 중 몇 가지는 영유아가 이미 알고 있는 것이 있는지
- 영유아의 일상생활과 관련지어 이해할 수 있는 지식의 개념이 있는지
- 영유아가 이해할 수 있는 수준의 내용이 전시되어 있는지

(4) 균형적인 공간구성

개별적으로 탐색할 수 있는 공간과 집단적으로 함께 학습할 수 있는 공간, 정적이고 동적인 공간, 밝고 어두운 공간 등 영유아의 활동적 특성을 반영하고 있다면 매우 바람직한 현장학습 장소이다.

- 설명 듣기, 이야기 나누기 등 특별한 집단 활동을 위한 공간이 있는지
- 식물원 속의 놀이터와 같이 자유로운 개별 활동을 위한 공간이 있는지
- 활동의 내용에 따라 적절하게 밝거나 어두운지
- 미술관과 인접한 공원 등 정적인 공간과 동적인 공간의 적절한 배치가 있는지

3) 편리한 공간

"먹고, 배변하고, 휴식하고, 깨끗이 씻는 것은 기본생활이다. 이와 같은 기본생활은 건강한 생존을 위해 아이들이 가는 곳 어디서나 기본적으로 고려되어야 하고 지켜져야 한다."

(1) 휴식을 위한 공간

유아교육기관을 벗어나 일상적인 흐름과 다른 일과를 보내는 일은 영유아에게 매우 힘든 일이다. 특히 날씨가 덥거나, 건강이 좋지 않은 영유아이거나, 현장학습 시간이 길어지면 신체적으로 무리가 생긴다. 그러므로 현장학습 장소에 영유아가 휴식할 만한 장소가 있는지 점검한다.

- 벤치나 파고라 등 이동경로 중간마다 휴식장소가 있는지
- 집단에서 벗어나 개별적으로 휴식하며 돌보아주어야 할 때를 위한 공간이 있는지
- 휴식공간의 가구나 설비가 영유아의 신체에 적절하며 청결한지
- 영유아의 수에 맞게 넓이가 적당하고 안락한지
- 날씨에 따라 추위나 더위를 피할 수 있는 공간이 있는지
- 순서를 기다릴 때 대기하는 장소가 있는지

(2) 간식이나 점심을 위한 공간

일반적인 현장학습은 간식과 식사 시간 사이에 이루어지지만 소풍이나 견학지의 운영시간에 맞춘 일정일 경우에는 간식 또는 점심을 먹어야 한다. 영유아가 음식을 먹을 수 있는 공간과 설비가 갖추어져 있는지 알아보고 계획한다.

- 영유아의 수에 맞는 테이블 또는 공간이 있는지
- 동적이고 소음이 많은 활동 공간과 분리되어 있는지
- 손 씻는 수도가 가까이 있는지
- 조용하고 안정적이며 음식을 먹은 후에 휴식할 수 있는 공간이 있는지
- 식수를 이용할 수 있는지

(3) 배변과 위생을 위한 공간

현장학습 장소에서 동선을 정할 때 영유아를 위한 화장실의 위치를 고려하는 것은 중요하다. 특히 영유아가 화장실을 갈 때 반드시 성인과 동반해야 하므로 이동경로와 동떨어져 있으면 집단과 멀리 이탈해야 하므로 활동을 진행하기 어렵다.

- 영유아를 위한 변기와 세면대가 설치되어 있는지
- 바닥의 미끄럼 방지, 문의 손끼임 방지 등 안전설비가 되어 있는지
- 냉온수 조절장치가 있는지
- 청결하게 청소가 되어 있는지
- 액체비누, 화장지, 종이타올(건조기) 등 비품이 잘 채워져 있는지

그래도, 만일을 위해 준비하세요.

물휴지, 마른 수건, 화장지, 마실 물, 쓰레기 봉지, 돗자리, 얇은 깔개나 덮개, 여벌옷, 비상연락망과 휴대폰, 비상의약품, 일정표, 영유아 개별의 이름표와 연락처

2. 내용에 대한 고려

1) 연계성

"세상의 모든 지식과 경험은 관계맺음을 통해 학습된다. 아이들도 새로운 경험이 자신의 이전 경험과 관계되었을 때 더 잘 학습한다. 그러므로 소방서로 현장학습 가기 가장 좋은 때는 이미 소방서에 대한 흥미가 생기고, 소방서에 대해 더 알고 싶은 것이 무엇인지 알 수 있을 때이다."

- 현재 진행하고 있는 주제와 연계되는 내용을 포함하고 있는 현장학습 장소인지
  - 풀꽃에 대한 주제를 다루고 있다면 화원보다는 야생풀이 자유롭게 자라는 인근의 생태공원이 더 적당하다.
  - '우리나라' 주제를 확장하기 위해 박물관으로 현장학습을 간다면 특정한 주제(예 옛날 사람들의 집, 옷)영역을 집중적으로 탐색하거나 주제와 관련된 특별전을 하고 있는 박물관이 있는지 알아본다.
- 영유아가 사전 지식, 이전의 경험과 관련지어 이해할 수 있는지

2) 융통성

"새로움은 그것을 접하는 대상과 시기에 따라 다른 모습으로 받아들여진다. 아이들이 가는 그 곳이 다양성을 포함할 때 아이들 개개인에게 특별하고 유익한 경험이 될 수 있다."

- 자연물, 전시물, 체험 활동 등 현장학습의 내용이 고정적이지 않고 시기적으로 변하는지
- 학습자의 연령에 따라 차별화된 내용을 마련하고 있는지
- 방문자가 프로그램을 선택하거나 일부 변경을 요청할 수 있는지
- 날씨나 예상 외의 특별한 상황에 따라 기존 프로그램을 진행하지 못할 때를 위한 대체 프로그램이 있는지

3) 체험성

"어른들이 가르쳐주고 싶은 내용을 눈으로 보여주고 말로 들려주는 말쑥한 지식보다는 아이들이 스스로 선택하고 직접 체험하면서 얻게 되는 어설픈 경험이 더 값지다."

낚시는 강이 아니어도 즐겁다.

봄동산 현장학습은 볼거리, 놀거리로 가득하다.

서너 명의 아이들이 저마다 막대기를 도랑에 대고 심각한 표정으로 휘휘 젓고 있다.

알 수 없는 퍼포먼스다.

"너희들 뭐하고 있는 거니?"

동시에 고개를 돌리며 당연하다는 듯 이구동성으로 외친다.

"낚시질 하잖아요."

사슴벌레를 기를 수 있는 방법

사슴벌레를 잡겠다고 이 나무 저 나무를 한참이나 쑤시고 다녔지만 결국 구경도 하지 못한 채 돌아와야 했다.

그러나 그 다음날 아이들은 더 쉬운 방법으로 사슴벌레를 얻을 수 있었다.

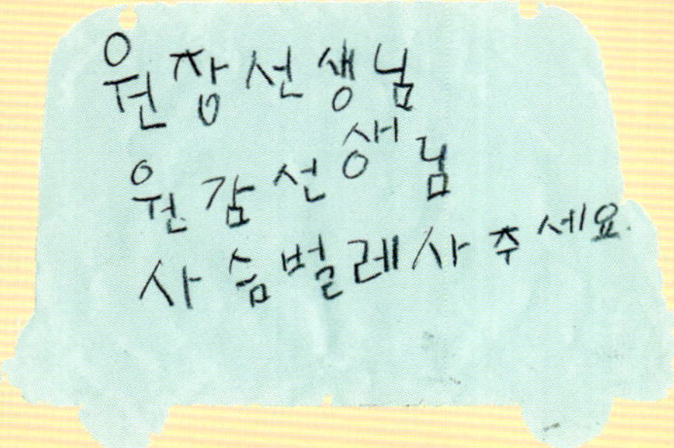

- 영유아가 신체적으로 탐색할 수 있는 내용인지
- 체험을 통해 지적, 정서적 만족감을 성취할 수 있는지
- 영유아가 직접적, 구체적으로 경험할 수 있는 공간과 프로그램이 있는지
- 영유아의 경험과 생각을 다양한 방법으로 표현해 볼 수 있는 프로그램이 있는지

4) 개방성

"정보를 개방하고 소통하는 일은 서로가 원하는 것을 이해하는 데 도움이 된다. 그러므로 현장학습 장소가 제공하는 모든 서비스와 아이들이 경험하기를 원하는 것들 간의 균형 잡힌 조율이 필요하다."

- 정보를 정확하게 전달하는 웹사이트가 있으며 소통적 기능을 하는지
- 유선 상담이 가능하며 정보를 잘 전달하는지
- 상담자가 방문 대상의 특성을 이해하려는 노력을 보이는지
- 사전 답사를 위한 별도의 안내자 또는 프로그램이 있는지
- 부모가 직접 프로그램을 확인할 수 있는 경로가 있는지

5) 합리성

"보편적으로 만족할 만한 운영의 원칙이 있는지를 판단하는 것은 어른들의 몫이다. 적절함을 지킬 수 있을 때 만족할 만한 현장학습의 결과를 얻을 수 있다."

- 입장료나 프로그램 체험비 등 비용이 적절한지
- 연령과 인원수를 제한하고 있으며 이를 잘 준수하는지
- 현장학습 장소에서 제시한 시간표가 영유아의 활동 수준에 맞게 계획되어 있는지
- 운영시간이 적절하며 방문자의 특성에 따라 선택이 가능한지
- 이용안내 또는 프로그램 내용에 대해 영유아에게 안내해 줄 전문가가 있는지

- 안내방법이 연령에 맞게 적절한지
- 안내방법에 대해 사전에 알려주며, 이때 교사의 특별한 요구를 수용하는 절차가 있는지
- 영유아의 요구에 의해 즉흥적으로 프로그램 변경을 요구할 때, 이를 수용할 수 있는지

현장학습 장소의 직원이 이용방법과 규칙에 대해 안내하고 있다.

프로그램 내용을 위해 점검해 보세요

번호	점검할 내용	V
1	현재 진행 중인 주제 또는 영유아의 흥미와 연계되는가?	
2	장소와 내용이 영유아의 연령에 적합한가?	
3	계획된 프로그램 외에 대체 프로그램이 있는가?	
4	계획된 프로그램을 진행하기에 충분한 시간과 공간이 안배되어 있는가?	
5	영유아가 직접적이고 구체적으로 체험할 수 있는가?	
6	정보를 공개하고 있으며 상담이 가능한가?	
7	부모들과 공유할 수 있는 정보가 있는가?	
8	소요 경비가 적절한가?	
9	현장학습 시 도움을 주는 전문가가 있는가?	
10	특별한 요구를 수용해 주는 절차가 있는가?	

현장학습 장소의 직원들이 말하는

"선생님, 아이들이 보고 있어요."

- 기관의 예약 및 이용 절차를 무시하는 선생님
- 운영자를 하대하거나 무리한 요구를 하는 선생님
- 영유아와 함께 움직이는 것이 아니라 일방적으로 이끌고 다니는 선생님
- 교사끼리의 잡담으로 영유아를 방치하는 선생님
- 사진을 찍기 위해 영유아의 활동을 방해하는 선생님
- 개인적인 휴대폰 통화를 지나치게 오래 하는 선생님
- 영유아의 요구에 반응이 둔감한 선생님
- 목청을 높이며 과격한 리더십을 발휘하는 선생님

현장학습 장소의 직원들이 말하는

"선생님, 최고예요."

- 사전 답사 때부터 교사다움으로 깊은 인상을 남기는 선생님
- 사진 찍기보다는 함께 하는 활동에 몰입하는 선생님
- 영유아의 안전, 이용방법 등에 대해 구체적으로 알고 싶어 하는 선생님
- 영유아의 요구에 민감하고 따뜻하게 반응하는 선생님
- 말과 행동이 친절하고 예의바른 선생님
- 이용 수칙을 준수하고 뒷정리를 잘 해 주고 떠나는 선생님
- 이용 후에 교사 또는 영유아에게 피드백을 해 주는 선생님

Ⅲ. 장르에 따라 문화예술 즐기기

1. 문화예술의 의미

예술이 음악, 미술, 무용, 문학, 연극 등의 창조 활동이라면 문화예술은 예술 활동이 있는 문화라는 좀 더 넓은 의미를 지닌다.

- 생활 속의 예술
- 누리고 즐기는 예술
- 문화로서의 예술, 사회 전반의 생활양식인 예술
- 문화예술 교육 : 기능적 예능교육에서 체험과 소통 중심의 통합적 교육

2. 문화예술 관련 현장학습의 목표

문화예술 관련 현장학습의 목표는 생활주제와 연계한 현장학습의 일반적인 목표 외에도 문화적인 삶의 질을 높이기 위한 목표를 가지고 있다.

- 일상에서 문화예술 경험하기
- 예술적 상상력과 감수성 기르기
- 전통문화에 대한 정체성 형성과 세계 문화의 다양성 이해 및 존중하기
- 창의적이고 주도적인 문화예술의 향유자 되기

3. 문화예술 관련 현장학습의 계획 및 실시

1) 계획

공연 및 전시 관람 여부 결정

- 가장 중요한 목표가 무엇인가?
- 발달에 적합한가?

  : 3세 2학기 이상은 되어야 단체 관람 가능한 공연장 분위기

: 5세 이상이어야 관람 가능한 공연이나 전시 내용

• 유아에게 적합한 예술적 가치를 지녔는가?
• 문화의 보편성과 다양성을 배울 수 있는가?

공연 및 전시 관람과 연계되는 사전 · 사후 활동의 구체적인 계획

• 생활주제와 관련이 있는지에 따라
• 예술 장르에 따라
• 연령에 따라
• 참여할 수 있는 프로그램인지에 따라

2) 실행

사전 활동

공연 관람 (음악, 무용, 연극, 인형극)	전시 관람 (미술관, 박물관, 전시회, 문화재)
• 공연 관련 자료나 사진 보기 • 공연에 포함된 음악 감상하기 • 공연 관련 도서 읽기 또는 동화 듣기 • 공연 관람을 해 본 경험 나누기 • 공연 관람 예절에 대해 이야기하기 • 장소, 위치, 안전규칙에 대해 이야기하기	• 관련 자료나 인터넷을 통해 전시물에 대해 알아보기 • 더 알아보고 싶은 것 정하기 • 전시물 미리 감상하기 • 가장 맘에 드는 작품 찾아보기 • 관람할 영역이나 종류 결정하기 (자연사박물관의 공룡전시관 등) • 전시 관람을 해 본 경험 나누기 • 전시 관람 예절에 대해 이야기하기 • 장소, 위치, 안전규칙에 대해 이야기하기

본 활동

공연 관람 (음악, 무용, 연극, 인형극)	전시 관람 (미술관, 박물관, 전시회, 문화재)
• 즐기며 관람하기 • 공연에 따라 부분적으로 참여하기 • 관람 예절 지키기	• 즐기며 관람하기 • 여유를 가지고 관람하기 • 맘에 드는 작품 찾아서 다시 감상하기 • 알아보고 싶었던 점 해결하기 • 관람 예절 지키기 • 경우에 따라 체험 활동하기

사후 활동

공연 관람 (음악, 무용, 연극, 인형극)	전시 관람 (미술관, 박물관, 전시회, 문화재)
• 경험한 것에 대해 그리거나 이야기해 보기 • 가장 기억에 남는 장면, 음악, 춤, 인형에 대해 이야기해 보기 • 공연 안내지나 포스터 전시하기 • 공연 관련 도서 읽기 • 역할영역에서 공연 놀이하기 • 본 것이나 느낀 것을 신체로 표현해 보기 • 후속 이야기를 지어 동극이나 인형극 하기 • 들었던 음악이나 무용 다시 감상해 보기 • 음악회, 뮤지컬, 무용극, 인형극 등을 계획하여 공연해 보기 • 관람 예절을 잘 지켰는지 평가해 보기	• 경험한 것에 대해 그리거나 이야기해 보기 • 가장 맘에 드는 작품에 대해 이야기하기 • 전시 안내지나 포스터 전시하기 • 조사한 것 공유하기 • 관심 있는 작품의 기법이나 재료, 주제 등 따라해 보기 • 본 것이나 느낀 것을 신체로 표현해 보기 • 미술관, 박물관, 전시회 등 계획하여 열기 • 관람 예절을 잘 지켰는지 평가해 보기 • 부모와 함께 다시 관람할 수 있도록 가정과 연계하기

전시 관람 전에 교사가 준비할 사항

- 사전 답사를 통하여 관람 내용, 전시실과 기타 장소의 위치 등을 확인합니다.
- 홈페이지를 통해 행사 일정을 알아보고 참여 프로그램이 있으면 미리 신청합니다.
- 전시장의 어떤 부분을 관람할지 미리 계획합니다.
  - 어떤 전시품을 위주로 관람할지, 얼마동안 관람할지
- 활동 내용과 연계할 수 있도록 전시 관련 기관과 충분히 협의합니다.
  - 어린이용 전시장이거나 참여 프로그램인 경우 허용되는 내용은 무엇인지
- 에듀케이터나 도슨트가 안내하는 내용을 미리 점검하여 유아 수준에 맞게 내용이나 어휘를 조절합니다.
- 관람 전에 유아와 함께 안내 책자나 인터넷 사이트 검색을 통해 무엇을 볼 것인지 알아봅니다.
- 시간에 쫓기면 감상이 되지 않으므로 여유 있게 시간을 계획하며, 피곤하면 휴식을 하고 다시 보거나, 며칠에 나누어 관람합니다.
- 관람에 방해되는 짐은 최소한으로 줄입니다.
  - 교사용은 무료 보관함에, 유아용은 현관이나 건물 주변에
- 전시장의 동선에 대해 미리 알아보고 움직입니다.
  - 정해진 동선에 따라, 다른 사람을 방해하지 않는 범위에서 필요에 따라
  - 보통 왼쪽부터, 작가 약력 등이 전시된 곳부터 시작
- 유아에게 어떤 정보를 줄 것인지, 무엇을 생각해 보게 할 것인지 미리 계획합니다.
  - 작품의 주제, 재료나 기법, 색 등
- 사진촬영이 가능한지 여부를 미리 알아봅니다.
  - 카메라 플래시의 불빛은 작품을 손상시키며, 다른 관람객을 방해

전시장에서 교사가 알아야 할 사항

- 관람하면서 작은 소리로 서로의 의견과 느낌을 나눠봅니다.
- 관람 중에 너무 많은 정보를 주려고 하지 않습니다.
  - 보고, 느끼고, 생각하게
- 한 작품을 가까이에서, 멀리서, 다양한 각도에서, 여유 있게 볼 수 있도록 합니다.
- 10명 이내의 유아를 통솔하면서 작은 소리로 이야기를 나눕니다.
- 유아가 관심 있어 하는 작가의 작품명이나 특징을 적어둡니다. 인터넷 사이트나 안내지를 통해 유아와 함께 회상해 볼 수 있습니다.
- 안내 책자나 관련 자료(엽서, 포스터, 도록 등)를 구하면 전시 경험을 더욱 연장시킬 수 있습니다.
- 전시장에서 주는 활동지 혹은 홈페이지 상의 사후 활동지가 제공되면 전시 경험을 더욱 연장시켜 사고의 폭을 넓힐 수 있습니다.
- 휴대폰은 무음 진동으로 설정합니다.

전시장에서 교사와 유아가 함께 알아야 할 예절

- 편안한 신발과 간편한 복장이 좋습니다.
  - 많이 걸어야 하므로
- 전시품을 만지지 않습니다.
  - 땀 등으로 인한 염분이 전시품을 손상시키므로
  - 조각 등의 전시품이 파손되거나 쓰러질 수 있으므로
- 진열장, 안전을 유지하기 위한 시설 등은 만지지 않습니다.
  - 유리가 더러워지면 전시품이 잘 보이지 않으므로
  - 안전 시설이 넘어질 수 있으므로 전시품 보호를 위한 거리를 지켜야 한다.
- 여러 사람이 함께 감상할 수 있도록 예의 있게 행동합니다.
  - 껌 씹기, 큰 소리로 말하기, 뛰어 다니기 등은 다른 사람의 관람을 방해합니다.
- 음식은 지정된 장소나 휴게실에서 먼저 먹고 입장합니다.
- 관람 전에 꼭 화장실에 다녀옵니다.

공연장에서 교사가 알아야 할 사항

- 늦어도 10분 전에 미리 도착하여 자리에 앉습니다.
  - 유아의 위치 파악, 교사 위치 공지
- 좌석이 유아에게 적절한지, 보조 기구가 있는지 미리 알아보고 준비합니다.
- 도움이 필요한 유아를 위해 관람을 방해하지 않을 위치에 앉습니다.
- 관람에 방해되는 짐은 최소한으로 줄입니다.
- 유아가 관심 있어 하는 장면이나 음악에 대해 적어둡니다.
  - 사후 활동에서 유아와 함께 회상해 볼 수 있습니다.
- 사진촬영이 가능한지 여부를 미리 알아봅니다.
- 음식은 지정된 장소나 휴게실에서 먼저 먹고 입장합니다.
- 안내 책자나 관련 자료를 구합니다.
- 휴대폰은 무음 진동으로 설정합니다.

공연장에서 교사와 유아가 함께 알아야 할 예절

- 음악, 대사를 잘 들을 수 있도록 조용히 관람합니다.
- 다른 사람의 관람을 방해하지 않도록 예의 있게 관람합니다.
  - 뒷사람을 방해하지 않도록 앉아서 관람
  - 앞좌석 의자의 등받이에 발을 대거나 차면 앞사람을 방해, 시설 파손
- 끝날 때까지 자리에 앉아서 관람합니다.
- 공연이 끝나면 박수로 감사함을 표시합니다.
- 참여를 유도하는 장면에서 적극적으로 참여합니다.
- 공연장 안에서는 공연 전이나 휴식시간에도 조용히 이야기합니다.
- 공연 전에 꼭 화장실에 다녀옵니다.

4. 사전 · 사후 활동의 실제

1) 미술관 관람

사전 활동

1 작품 관람 방법 알아보기

- 어떻게 보면 좋을까?
  - 오랫동안
  - 멀리에서, 전체적으로
  - 가까이에서, 부분적으로, 자세히
  - 어떤 느낌이 드는지 생각하며
  - 여러 방향에서

2 관람 예절 알아보기

- 어떤 약속을 지켜야 할까?
  - 눈으로 보기
  - 작은 소리로 말하기
  - 걸어 다니며 보기

본 활동

1 작품 감상하기

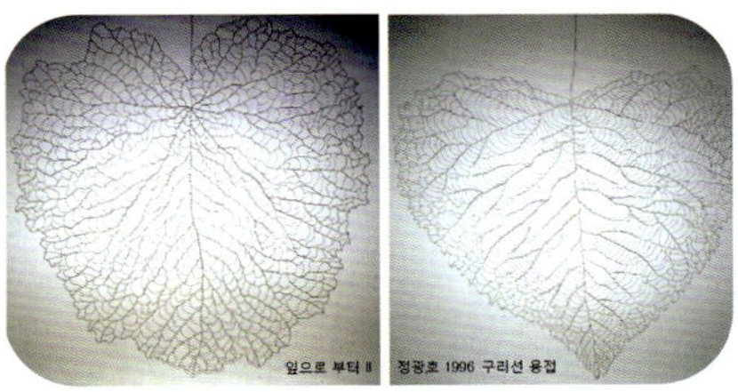

어떤 재료로 만들었는지 알아보기

- 이 작품에 대해 생각해 보자.
  - 무엇을 표현한 것일까?
  - 작가는 제목을 왜 이렇게 지었을까?
  - 어떤 재료로 만들었을까?
  - 어떤 방법으로 만들었을까?
- 작가에 대해 생각해 보자.

- 작가는 왜 이 작품을 만들었을까?
- 작가는 사람들이 이 작품을 보면서 어떤 생각을 해 주길 바랄까?

• 느낌에 대해 이야기해 보자.
  - 작품을 보니 어떤 느낌이 드니?
• 가장 마음에 드는 작품을 다시 한번 감상해 보자.
  - 마음의 사진기로 사진을 찍어두자.

사후 활동

1 공동으로 작품 만들기

• 사진이나 안내 책자를 보며 마음에 들었던 작품에 대해 이야기해 보자.
  - 마음에 들었던 작품이 무엇이니?
  - 어떤 점이 마음에 들었니?
  - 작품 제목, 재료, 방법은 무엇이니?
• 함께 만들 작품을 정해 보자.
  - 무엇을 만들까?
  - 어떻게 만들까?
  - 어떤 재료로 만들까?
• 공동으로 작품을 만들자.
• 작품 제목을 정해 보자.

2 만든 작품 전시하기

• 어디에 전시할까?
• 누구에게 보여줄까?
• 어떻게 소개할까?

2) 박물관 관람

사전 활동

① 박물관에 대해 알아보기

박물관에 대해 알아보기

• 박물관에 가본 적이 있니?
• 박물관은 어떤 곳일까?
• 왜 박물관을 만들었을까?
• 우리가 갈 박물관에는 무엇이 전시되어 있을까?
  - 인터넷으로 살펴보기
• 가장 궁금한 것이 무엇이니? 가장 보고 싶은 것은 무엇이니?

② 작품 관람 방법 알아보기

• 궁금한 것은 어떻게 알아보면 좋을까?
  - 선생님이나 안내자의 설명을 잘 듣기
  - 유물에 대한 설명서를 통해서

③ 관람 예절 알아보기

• 다른 사람과 함께 보려면 어떤 예절을 지켜야 할까? 예절을 지켜야 하는 이유가 무엇일까?
  - 눈으로 보기
  - 작은 소리로 말하기
  - 걸어 다니며 보기
  - 화장실에 미리 다녀오기

본 활동

① 유물 감상하기

• 이 물건에 대해 생각해 보자,
  - 이 물건은 무엇일까?

- 누가 사용했을까?
- 지금과 어떻게 다를까?
- 어떤 방법으로 만들었을까?

• 느낌에 대해 이야기해 보자.
  - 유물을 보니 어떤 느낌이 드니?

• 가장 마음에 드는 유물을 다시 한번 감상해 보자.
  - 마음의 사진기로 사진을 찍어두자.

유물 감상하기

사후 활동

1 박물관에서 본 것 회상하기

• 사진이나 안내 책자를 보며 마음에 들었던 유물에 대해 이야기해 보자.
  - 박물관에서 무엇을 보았는지 이야기해 보자.
  - 가장 기억에 남는 유물은 무엇이니?
  - 어떤 점이 마음에 들었니?

2 박물관 꾸미기

• 우리 반의 박물관에는 무엇을 어떻게 전시하면 좋을까?
  - 우리 주변에서 옛날부터 사용해 온 물건을 찾아보자.
  - 어떻게 전시하면 좋을까?

• 관람하기 좋게 하려면 무엇이 필요할까?
  - 어떤 물건인지, 어떻게 알려줄까?
  - 어디부터 봐야 하는지 알려주려면 무엇이 필요할까?

종류에 따라 전시하기

직접 찍은 사진을 이용하여 홍보 포스터 만들기

유물에 대한 설명서 만들기

- 관람을 도와주기 위해서 어떤 사람이 있으면 좋겠니?
- 유물을 전시하고 안내문도 붙이고 박물관을 꾸미자.

③ 박물관을 홍보하고 관람객 안내하기

- 박물관 이름은 무엇이라고 할까?
- 누구에게 보여줄까?
- 박물관에 대해서 어떻게 알릴 수 있을까?
- 궁금한 점에 대해서 어떻게 소개할까?

④ 박물관 운영을 마치고 느낌과 생각 나누기

부엌용품, 작식품, 문구류 등으로 분류된 전시장

재봉틀에 대해 설명하는 박물관 에듀케이터

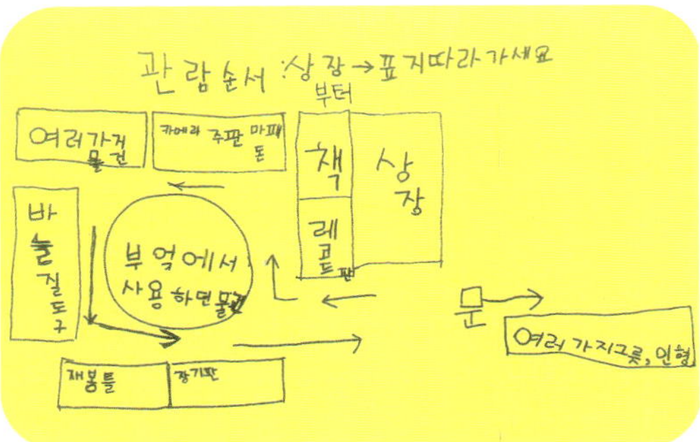

전시장 관람 순서를 위한 안내지

관람시간을 예약하고 견학 온 다른 반 유아들

3) 음악회 관람

사전 활동

1 '행복한 미술관에 간 윌리' 그림책 읽어보기

2 인터넷 사이트를 통해 공연에 대한 안내 보기

3 공연의 내용과 관람 예절 알아보기

- 우리가 갈 공연에 대해 무엇을 알아보았니?
  - 제목은 무엇이니?
  - 무엇을 볼 수 있을까?
  - 미술관에서 그림을 보는 것과 어떤 점이 다르니?
- 다른 사람과 함께 보려면 어떤 예절을 지켜야 할까?
- 예절을 지켜야 하는 이유가 무엇일까?
  - 음악, 대사를 잘 들을 수 있도록 조용히 관람하기
  - 바르게 앉아서 관람하기
  - 끝날 때까지 자리에 앉아서 관람하기
  - 앞이나 뒤에 앉은 사람을 방해하지 않기
  - 공연이 끝나면 박수로 감사함을 표시하기
  - 화장실에 미리 다녀오기

본 활동

1 공연 관람하기

음악극 관람하기

사후 활동

1 공연 관련 자료를 보거나 음악 듣기

- 공연에서 들은 노래를 따라 불러보자.
- 공연에서 본 악기를 연주해 보자.

2 음악극과 음악연주회의 차이에 대해 알아보기

- '행복한 미술관에 간 윌리' 공연에서 무엇을 보고 들었니?
  - 이야기를 들려주면서 노래와 악기 연주를 들려주는 공연을 음악극이라고 한단다.
- 음악연주회에 가본 적이 있니?
- 음악극과 음악연주회는 어떻게 다를까?

3 교사가 준비한 음악연주회 관람하기

선생님이 들려주는 음악연주회

4 음악연주회 준비하기

- 어떤 음악을 어떤 악기로 들려줄까?
  - 우리 유치원에 어떤 악기가 있는지 알아보자?
  - 특별히 연주할 수 있는 악기가 있는 사람 있니?
  - 어떤 음악을 연주하고 싶니?
- 연주회장은 어떻게 꾸미면 좋을까?
  - 무대는 어디로 정할까?
  - 관람 좌석은 어떻게 준비하면 좋을까?
  - 연주자는 어디서 기다려야 할까?

음악회 포스터 붙이기

역할을 정하여 입장권을 받고 관람객 안내하기

⑤ 음악연주회 홍보하고 관람객을 안내할 사람의 역할 정하기

- 누구에게 보여줄까?
- 음악연주회에 오라고 어떻게 알릴 수 있을까?
- 안내장, 입장권, 포스터를 누가 맡아서 준비할까?
- 공연할 때 안내하는 역할은 누가 하면 좋을까?

⑥ 공연하기

동생들과 다른 반 친구를 초대하여 음악연주 들려주기

⑦ 음악연주회 공연을 마치고 느낌과 생각 나누기

4) 인형극 관람

사전 활동

① 관련 동화 듣기

② 공연의 내용과 관람 예절 알아보기

본 활동

① 공연 관람하기

연극 관람하기

그림자 인형극 관람하기

사후 활동

① 인형극 관람에 대한 느낌 이야기 나누기

- 어떤 점이 재미있었니?
- 어떤 인형으로 공연한 것이 가장 재미있었니?
- 사람이 가면을 쓰고 하는 인형극은 어떤 점이 좋았니?
- 그림자로 보여주는 인형극은 어떤 느낌이었니?

② 인형극 공연 준비하기

- 인형극 대본 만들기
- 인형극 소품 만들기
- 홍보물 만들기
- 대사 녹음과 음향효과 녹음하기
- 공연할 사람과 공연 안내할 사람 정하기

③ 인형극 공연하기

- 누구에게 보여줄까?

• 인형극 공연에 오라고 어떻게 알릴 수 있을까?
• 안내장, 입장권, 포스터를 누가 맡아서 준비할까?
• 공연할 때 안내하는 역할은 누가 하면 좋을까?

④ 공연을 마치고 느낌과 생각 나누기

막대 인형 만들기

인형극 배경 꾸미기

관람객에게 나누어 줄 인형극 동화 그림책 만들기

대사 녹음하기

인형극 공연하기

음향 · 무대 배경 등을 맡은 연출자

미술관 관람을 위한 상식

(1) 직원 명칭

- 학예연구사=큐레이터(curator) : 박물관 및 미술관에서 재정 확보, 유물의 보존 관리, 자료의 전시, 홍보 활동을 하는 사람
- 에듀케이터(educator) : 박물관의 특성을 살린 프로그램을 개발, 기획하고 관람객에게 교육하는 사람
- 도슨트(docent) : 박물관이나 미술관 등에서 관람객에게 전시물을 설명하는 자원봉사 안내인

(2) 미술 표현기법

- 파피에 콜레(papier colle) : 입체파 화가들이 시도한 기법으로, 그림의 일부에 색종이나 신문지 등을 붙여서 효과를 내는 기법
- 콜라주(collage) : 화면에 색종이, 포장지, 잡지, 색실, 단추, 헝겊 등 다양한 재료를 붙여서 실제의 재질감을 회화적 방법으로 느끼게 하는 기법
- 모자이크(mosaic) : 대리석, 도기 조각 등을 일정한 크기로 절단하여 조화 있게 배치하여 구상한 내용을 표현하는 기법
- 드리핑(dripping) : 물감을 화면에 뿌리거나 떨어뜨리거나 흘려서 우연의 효과를 나타내는 기법으로 추상표현주의 잭슨 폴록이 개발함
- 데칼코마니(decalcomanie) : 종이의 한쪽 면에 물감을 충분히 칠하고 접었다 폈을 때 대칭형의 자연스러운 모양이 찍혀 나오게 하는 기법

- 모노타이프(monotype) : 판에 물감을 바르고 펜이나 송곳, 자 등으로 그림을 그린 후 종이를 덮어 찍어내는 기법
- 프로타주(frottage) : 나뭇결이나 잎, 헝겊 등 요철이 있는 물체 위에 종이를 놓고 연필 등으로 문질러 무늬를 떠내는 기법
- 마블링(marbling) : 그릇에 물을 담고 그 위에 먹물이나 유성 잉크를 떨어뜨려 저은 다음, 종이를 얹어 찍어내는 방법으로 우연적인 아름다움이 표현됨
- 스크래치(scratch) : 밑색을 칠하고 그 위에 두껍게 색을 바른 후, 의도대로 긁어서 표현하는 기법
- 몽타주(montage) : 한 화면에 서로 다른 영상을 합성하여 비현실적인 광경을 표현하는 기법
- 핑거 페인팅(finger painting) : 풀과 물감을 섞어 손가락으로 그리는 방법
- 아상블라주(assemblage) : 예술과 관련 없는 주변 물건이나 폐품을 조립해서 작품을 만드는 기법/ 콜라주보다 더 폭 넓은 의미로 사용되며 긁어모으기, 대조시키기, 세우기, 늘어놓기, 붙이기, 붙였다 떼어내기(데콜라주), 포토 몽타주 등의 기법 포함함/ 종이를 콜라주 하듯 오브제를 사용해서 3차원의 콜라주 작품을 만드는 것임
- 오브제(objet) : 예술과는 관계없는 물건의 한 부분을 분리하여 관람자에게 숨어 있는 욕망이나 환상을 불러일으키는 기법/ 마르셀 뒤샹 등 다다이스트들과 초현실주의, 키네틱아트, 팝아트, 설치미술로 오면서 더욱 사용 범위가 확대됨

(3) 그리기 재료

- 수채 물감 : 물에 풀어서 사용함/ 색의 맑은 농담처리가 장점/붓 터치에 의한 겹치기 효과와 닦아내기 가능함
- 포스터칼라 : 불투명 수채화 그림물감/ 바탕색을 가리거나 수정 가능함/ 두껍게 채색되므로 붓 이외에 스펀지, 나이프로 다양한 재질감 표현 가능함
- 과슈 : 수용성의 아라비아고무를 교착제로 하여 반죽한 불투명 수채 물감/ 물에 타서 사용하기 때문에 투명 효과도 낼 수 있고 수채화와 병용도 가능함/ 두껍게 발라 다양한 재질감 표현이 가능하므로 현대 화가들이 많이 사용함/ 색조는 선명하지만 유화와 같은 광택이 없으며 가라앉은 부드러운 효과를 냄/ 마르면 젖었을 때보다 밝은 색조로 변함/ 종이뿐만 아니라 각종 경질 재료에도 사용할 수 있음
- 아크릴 물감 : 합성수지 재료로 만든 물감/ 수채화와 유화의 장점을 모두 갖추고 있어서 빨리 마르면서 잘 갈라지지 않고 색이 선명하며 덧칠을 하면서 원하는 색을 만들어 낼 수 있음
- 유화 물감 : 기름을 섞어 사용함/ 광택이 있고 색이 선명하며 색상이 오래 보존됨/ 다양한 재질감 표현이 가능하나 건조 속도가 느림
- 템페라 : 달걀 노른자와 아교를 섞은 불투명 안료를 사용하며 가루로 되어 있음/ 유화 질감과 수채화 질감의 중간 질감/ 수채화보다는 강한 색감과 입체 기법을 낼 수 있음/ 유화 물감보다는 유연성이나 보존성이 약함

(4) 판화 기법

- 볼록판화(목판화, 고무판화, 종이판화, 리놀륨판화) : 필요 없는 부분은 파내어 볼록 튀어나온 부분에 잉크를 묻혀 찍어냄/ 흑백의 강한 대비 효과/ 판재 및 조각칼의 효과에 따라 다른 질감 표현이 가능함
- 오목판화(드라이포인트, 에칭(동판화)) : 오목한 부분에 잉크를 넣고 튀어나온 부분에 묻은 잉크를 닦아낸 다음 압축기계로 눌러서 찍어냄/ 자세하고 세밀한 표현이 가능함
- 평판화(석판화, 모노타이프) : 잉크가 스며들지 않는 판(유리, 돌 등)에 그림을 그려 찍어냄/ 물과 기름의 반발 원리를 이용하여 제작/ 펜, 붓 등의 농담과 터치가 그대로 살아나 회화적인 표현이 가능/ 모노타이프는 밑그림을 그리지 않기 때문에 한 장밖에 찍을 수 없음
- 공판화(실크스크린, 스텐실) : 판에 구멍을 뚫고 물감을 통과시킴으로써 종이에 묻게 하는 방법/ 인쇄 효과를 내는 것으로 손으로 그린 그림뿐 아니라 사진을 사용할 수도 있음/ 판화는 판과 그림의 좌우가 반대인데 공판화는 좌우가 동일함

(5) 조각 재료

- 점토-지점토, 테라코타, 유토
- 석고
- 주물(casting) : 구리, 청동, 황동, 알루미늄
- 석조(stone carving) : 대리석, 화강석
- 실리콘 합성고무, 왁스(밀납, 파라핀)
- 철강(iron and steel)
- 나무
- 기타 : 시멘트, 합성수지, 유리, 뼈, 눈, 얼음 등

Ⅳ. 연령에 따라 생활주제로 풀어보기

1. 현장학습 진행 시 영아와 유아의 차이점

영아와 유아는 현장학습의 계획과 진행에 있어서 발달과 흥미에 따라 고려해야 할 점이 다르다. 영아는 생활주제에 초점을 두고 활동하는 것은 큰 의미가 없으므로 영아의 관찰을 통해 발달에 적합하도록 수정, 확장해 나갈 수 있는 융통성이 필요하다. 유아의 경우에도 연령에 따라 발달 수준에 적합한 계획과 진행을 통해 진정한 의미의 현장학습이 되도록 해야 한다.

구분		영아	유아
현장학습계획	현장학습 여부 결정	• 생활주제가 영아에게는 큰 의미가 없으므로 영아 발달과 흥미가 우선 • 오감을 활용하는 직접 경험이 중요	• 생활주제에 적합한 곳인지 고려 • 교육 목표를 달성하는 최선의 방법인지 고려 • 흥미와 발달 고려
	장소 선정	• 인적, 물리적 환경이 영아의 발달에 적합해야 함 • 기관 주변이나 최대 근거리가 적합 • 줄서기를 통한 관람성 견학은 발달에 부적합 • 어린이 뮤지컬, 인형극, 영화 등 어두운 장소나 장시간의 공연은 부적합 • 발달상 관람태도가 습득되지 않았으므로 미술관이나 박물관 견학은 부적합 • 소요시간이 식사나 낮잠 시간에 방해되지 않아야 함 • 영아에게 적합한 동선 고려	• 인적, 물리적 환경이 유아의 발달에 적합해야 함 • 차량으로 30~40분 이내의 거리 적합 • 장시간 줄서기나 대기해야 하는 장소는 부적합 • 미술관이나 박물관 견학 시 장소가 넓을 경우 일부 장소만 관람하도록 계획

구분		영아	유아
현장학습계획	사전 준비 사항	• 개인 소지품을 최대한 없애고 교사가 공동으로 준비해 가도록 함 • 가능하다면 자원봉사자를 모집하여 도움을 받을 수 있도록 함 • 영아수에 비해 여벌옷을 넉넉히 준비	• 개인 소지품을 최대한 줄이고 스스로 가지고 다닐 수 있도록 준비
현장학습진행	사전 활동	• 활동 계획 시 대부분이 교사에 의해 계획되어짐 • 유아에 비해 사전 활동이 다양하거나 활발히 이루어지지 않음(경험이 우선되어야 함)	• 활동 계획 시 교사와 함께 계획할 수 있음 • 유아가 가지고 있는 사전 지식에 대해 다양한 활동을 통해 표현 가능 • 경험했던 것을 바탕으로 예상하고 추측할 수 있음
	본 활동	• 계획된 활동이 실행되기도 하나 영아가 흥미 있어 하는 활동에 집중함(융통성 필요) • 설명을 듣거나 이해하는 활동보다 오감을 활용해 직접 체험하는 활동이 효과적이며 스스로 즐김	• 교사의 창의적인 발문을 통해 스스로 개념을 알아낼 수 있는 방법을 모색하려 함 • 탐색, 조사, 관찰, 기록, 채집, 관람 등 다양한 방법을 사용할 수 있음
	사후 활동	• 본 활동에서 영아가 관심을 가졌던 부분에 따라 보완, 수정, 확장해서 활동 • 사전 활동보다 다양한 감각을 이용해 직접 경험한 이후라 사후 활동이 훨씬 구체적이고 다양해짐 • 신체로 표현되는 활동을 통해 언어와 사고가 확장됨	• 활동 계획 시 교사와 함께 계획할 수 있음 • 다른 유아의 의견이나 활동을 통해 자신의 언어나 사고를 확장하고 의견을 수렴, 조절할 수 있음 • 경험한 것 이외에 더 상상하거나 추측하여 확장 활동이 진행되기도 함

2. 연령에 따른 사전 · 사후 활동의 실제

1) 봄

- 생활주제 : 봄
- 현장학습 장소 : 유아교육기관 주변 공원이나 산책로 등
- 현장학습 활동 진행

봄동산 돌아보기

	만 2세	만 3세	만 4, 5세
사전 활동	• 봄에 관련된 사진 전시(꽃, 곤충) • 봄에 관련된 동화 듣기	• 봄에 관련된 동화나 사진 전시(꽃, 곤충 등) • 개미가 좋아할 것이라고 예상되는 음식 알아보기 • 현장학습에 가서 무엇을 하고 싶은지 이야기하고 결정하기	• 간식으로 쑥떡 먹어보기 • 봄에 피는 꽃과 봄나물 알아보기 • 마트에 가서 무엇을 할지 생각 나누기
본 활동	• 여러 가지 꽃 탐색하기 • 개미의 움직임 관찰하기 • 꽃잎과 개미 채집하기	• 여러 가지 꽃 탐색하기 • 사전에 계획했던 것 알아보기(나무껍질 비교하기, 나무기둥 재기 등) • 사전에 예상했던 것 알아보기(개미가 좋아하는 음식) • 꽃잎과 개미 채집하기	• 주변 공원에서 봄나물 찾아보기 • 찾은 봄나물 탐색해 보기 • 마트에서 봄나물의 이름과 종류 알아보기 • 관심 있는 봄나물 탐색하기 • 봄나물 구입해 보기
사후 활동	• 주워온 꽃잎으로 음식 만들기 • 현장학습에서 찍은 사진 보고 이야기하기 • 꽃에 물 주기 • 습자지로 꽃 만들기 • 개미 관찰하기 • 개미처럼 움직여보기 • 개미로 상상 놀이하기	• 꽃동산 꾸미기 • 꽃잎 빻기 • 꽃향기 맡아보기 • 점토로 좋아하는 꽃 만들기 • 봄동산에서 본 사물을 글씨로 써보기 • 개미 관찰하기 • 개미와 배짱이 동극하기 • 뻥뻥이로 개미 만들기	• 채집해 온 쑥을 씻어 말려보기 • 쑥차 만들어 먹어보기 • 과학영역에서 구입해 온 봄나물 탐색하기 • 채집해 온 돌나물로 요리하기 • 봄나물에 대한 사진과 설명 살펴보기

(1) 만 2세

봄동산에서 볼 수 있는 다양한 것들에 중점

◦ 사전 활동

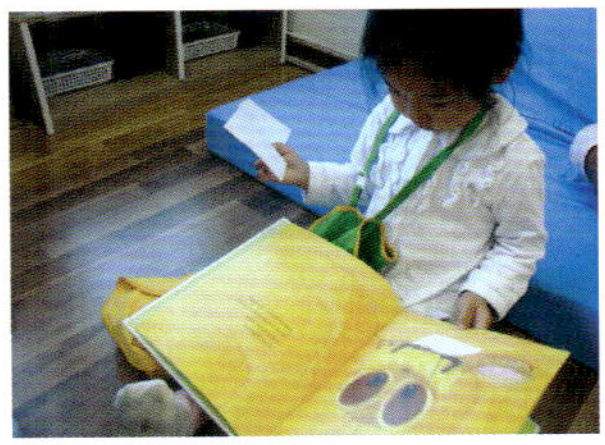

봄에 관련된 책을 보거나 동화를 들음

◦ 본 활동

1 봄꽃

공원으로 가는 길에 화단에 있는 팬지 꽃을 발견하고 관심을 가짐

라일락 꽃 냄새를 맡아보고 다른 꽃에도 관심을 갖고 꽃향기를 맡기 위해 돌아다님

떨어진 꽃잎을 주워 교실로 가져옴

한 영아가 우연히 돌멩이로 꽃잎을 빻기 시작하자 모두 몰려와 함께 빻기 시작함

한 영아가 민들레 홀씨를 불어 날아가는 것을 신기해 하자 다른 영아도 민들레 홀씨를 찾아 나섬

꽃을 이용해 신체 부위의 명칭에 대해 자연스럽게 알게 됨

2 개미

공원으로 가는 길에 한 영아가 개미를 발견하고 많은 관심을 보임

나무기둥에서 기어 다니는 개미를 발견함

주변에서 무당벌레를 우연히 발견하고 많은 관심을 보임

개미의 움직임을 자세히 관찰함

나무젓가락에 꿀을 바르고 개미가 나타나기를 기다림

개미집에서 개미를 채집하여 교실로 가지고 옴

사후 활동

1 봄꽃

주워온 꽃잎으로 꽃 빵을 만듦

각자가 만든 빵을 오븐에 넣고 굽는 흉내를 냄

꽃에 물 주는 흉내를 냄

습자지를 구겨 봄꽃을 만들어 스케치북에 붙이거나 주워온 나뭇가지에 꾸며봄

② 개미

개미집에서 채집해 온 개미를 오랫동안 관심을 가지고 관찰함

개미와 관련된 책이나 사진을 보며 이야기함

개미의 모습에 대해 언어나 신체로 표현해 봄

교실 바닥에 붙여진 개미집을 이용해 놀이함

쌓기영역에서 블록으로 개미집을 구성하며 놀이함

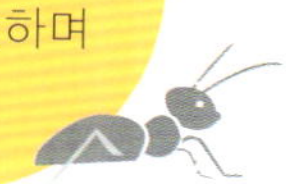

개미머리띠를 하고 개미의 움직임을 몸으로 표현함

(2) 만 3세

봄의 꽃과 개미가 좋아하는 음식에 대해 중점

사전 활동

생활주제에 관련된 도서를 읽으며 이야기를 나눔

개미가 좋아하는 음식을 예상하여 활동지에 붙이고 게시함

본 활동

1 봄꽃

자유롭게 돌아다니며 꽃을 발견하고 탐색함

유아가 하고 싶은 활동(나무껍질 비교하기, 나무기둥 둘레 재기 등)을 찾아 스스로 알아가는 시간을 가짐

2 개미

개미가 좋아할 거라고 생각하는 음식을 놓아두고 관찰함

개미집이 한 장소에 많이 몰려 있는 것을 발견함

개미먹이를 놓아둔 개미집에 개미가 들어와 개미를 교실로 가지고 들어옴

사후 활동

1 봄꽃

현장학습을 다녀와 유아가 경험한 것을 쌓기영역에서 재구성해 봄

주워온 꽃잎을 과학영역에 비치하고 냄새를 맡아봄

주워온 꽃을 관찰한 후 꽃잎 찧기 활동을 실시함

가장 좋아하는 꽃을 점토로 표현해 봄

현장학습에서 보았던 꽃, 곤충 사진을 이용한 낱말카드로 쓰기 활동을 함

2 개미

채집해 온 개미에 흥미를 가지고 지속적으로 관찰함

개미와 배짱이 동화를 듣고 동극으로 표현해 봄(형님들도 초대)

뽕뽕이를 이용해 개미를 만들어 봄

(3) 만 4, 5세

봄나물에 중점

사전 활동

간식으로 쑥떡을 먹으며 이야기를 나눔

과학영역에서 봄에 피는 꽃과 나물에 대한 사진 자료를 봄

봄에 피는 꽃과 나물에는 어떤 것이 있는지 기록해 봄

본 활동

기관 주변 공원에서 찾을 수 있는 봄나물(쑥과 돌나물)을 찾아봄

자신이 찾은 쑥과 돌나물을 채집해서 모으고 탐색함

마트에 가서 여러 가지 봄나물에 대해 알아보고 탐색함

자신이 원하는 봄나물을 선택해서 자세히 관찰하는 시간을 가짐

유아가 의논하여 4가지 종류의 봄나물을 구입함

사후 활동

채집해 온 쑥을 깨끗이 씻어 햇볕에 말리고 지속적으로 관찰함

쑥으로 차를 만들어 마심

뜯어온 돌나물로 요리활동을 실시함

마트에서 사온 봄나물을 과학영역에서 탐색함

봄나물에 대한 교구를 살펴봄

2) 소방서

- 생활주제 : 우리 동네
- 현장학습 장소 : 유아교육기관 인근에 있는 소방서(사전 공문 필요)
- 현장학습 활동 진행

소방서 돌아보기

	만 2세	만 3세	만 4, 5세
사전 활동	• 불자동차 가지고 놀기 • 우연한 기회에 사이렌 소리 듣기	• 여러 가지 불자동차의 사진과 모형 비교하기 • 소방서에 가서 해야 할 일에 대해 이야기 나누기	• 소방서에서 하는 일에 대해 이야기 나누기 • 질문할 목록 만들기
본 활동	• 소방서에서 여러 가지 경험해 보기(차 타기, 방화복 입어보기, 모자 써보기 등)	• 여러 가지 불자동차의 종류에 대해 알아보기 • 소방차의 다양한 역할에 대해 알아보기 • 궁금한 것 질문하기	• 소방서 둘러보기 • 화재 관련 사진과 설명 듣기 • 소화기 사용법 알기 • 소방호수로 불 꺼보기 • 연기 대피 상황에 대해 설명 듣고 대피하기
사후 활동	• 불자동차 책 보기 • 역할영역과 쌓기영역에서 불 끄기 놀이하기	• 폐품으로 불자동차 만들기 • 역할영역과 쌓기영역에서 소방서 상상 놀이하기	• 역할영역과 쌓기영역에서 화재진압 놀이하기 • 불자동차 종류에 대해 알아보고 만들어 보기 • 소화기 사용법에 대해 재현해 보기 • 대피도를 그려보거나 만들어 보기 • 비상구 알아보기 • 가정과 연계하여 화재안전에 대해 알아보기

(1) 2세

소방서에서 볼 수 있는 것에 중점

사전 활동

길거리를 걸어가다가 사이렌 소리에 관심을 가짐

본 활동

소방서에 가서 여러 가지 불자동차를 구경하고 체험 활동을 간단히 해 봄

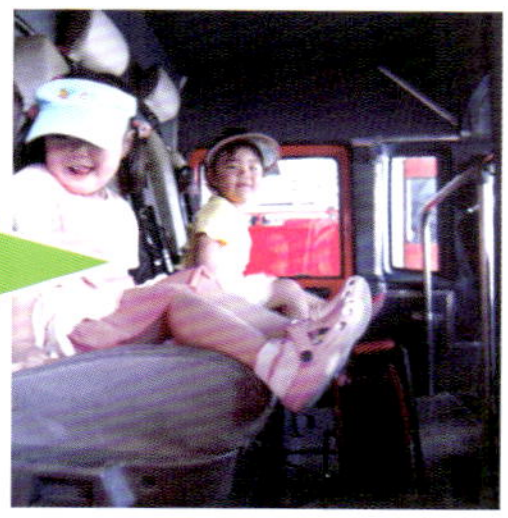

사후 활동

불자동차 소리가 나는 책을 보며 이야기를 함

역할영역과 쌓기영역에서 여러 가지 소품을 이용해 불 끄기 놀이를 함

(2) 만 3세

소방차의 종류에 중점

사전 활동

여러 가지 불자동차 사진과 같은 모형자동차를 찾아보고 비교해 봄

소방서에 가서 유아가 해야 할 일에 대해 이야기를 나눔

본 활동

여러 가지 불자동차의 종류에 대해 알아보고 궁금한 것에 대해 질문하는 시간을 가짐

유아는 특히 사다리차와 불자동차에 부착된 여러 가지 설치물에 관심을 보임

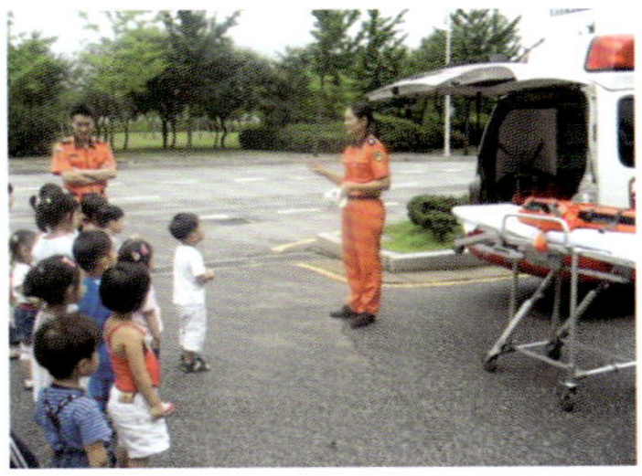

119 구급차에 대한 설명을 듣고 차 안에 올라가봄

사후 활동

폐품을 활용하여 소방차를 만들어 봄

사전 활동이 더욱 세밀해지고 활성화됨

역할영역에서 화재진압 활동을 실시함

쌓기영역에서 불자동차 출동을 준비함

다양한 불자동차를 가지고 출동하는 모습을 재현함

쌓기영역과 역할영역으로 자연스럽게 연결된 소방서 놀이가 진행됨

(3) 만 4, 5세

소방안전에 중점

사전 활동

소방서에 대해 이야기를 나누고 각자 궁금한 것에 대해 의견을 나누고 기록함

◦ 본 활동

소방서를 방문하여 궁금한 것에 대해 알아봄

화재 관련 사진과 여러 가지 장비를 둘러봄

소화기 사용법에 대해 알아봄

복장을 갖춰 입고 소화기를 분사해 봄

불이 났다고 가상한 곳에 소방호수로 불을 꺼봄

실제로 연기를 피운 후 연기대피 방법에 대해 알아봄

◦ 사후 활동

불이 났다고 가상하고 각자의 역할을 정한 후 진압활동을 벌임

불자동차의 출동 장면을 재현해 봄

레고로 여러 가지 불자동차를 만들고 놀이함

소방서에서 보고 온 불자동차의 종류에 대해 관심을 가짐

소방서에서 배운 소화기 사용법에 대해 다시 알아봄

어린이집의 평면도를 살펴보며 대피할 곳을 표시해 봄

유아 스스로 실내 평면도를 그린 후 대피 방향을 표시하고 교실에 붙임

쌓기영역에서 대피도 그림을 보면서 구조를 완성하고 여러 가지 표지물을 적절한 곳에 비치해 봄

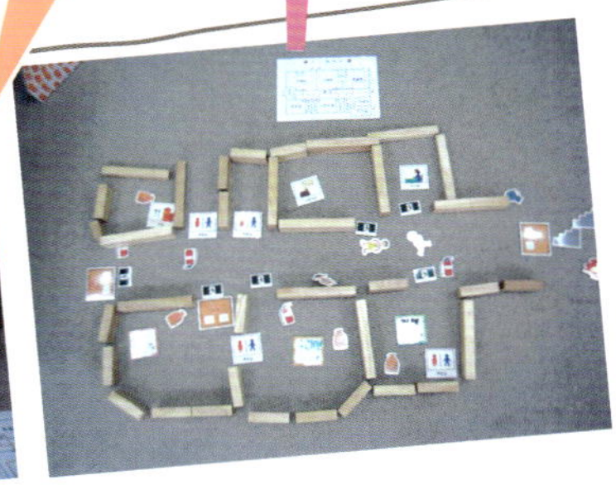

비상구가 어디에 있는지 점검하는 시간을 가짐

소방대피훈련을 실시함

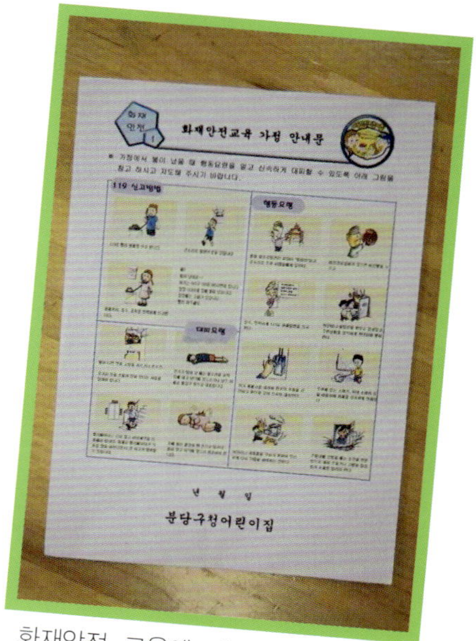

화재안전 교육에 대한 가정통신문을 보내 가정과의 연계를 실시함

V. 나들이 정보

「2011년 현장학습 연구」에서 교사 및 원장, 원감의 추천을 받은 장소(서울, 경기 지역 중심으로)

번호	현장학습 장소	소재지	사이트	전화
1	아차산생태공원	서울특별시 광진구	www.gwangjin.go.kr/achasan	02-450-1192
2	서울어린이대공원	서울특별시 광진구	www.sisul.or.kr/sub05	02-3437-7500
3	행복한 i	서울특별시 금천구	www.hiknef.or.kr	02-2191-1400
4	도산안창호기념관	서울특별시 강남구	www.ahnchangho.or.kr	02-541-1800
5	김치박물관	서울특별시 강남구	www.kimchimuseum.co.kr	02-6002-6456
6	코엑스 아쿠아리움	서울특별시 강남구	www.coexaqua.com	02-6002-5312
7	헬로우뮤지움	서울특별시 강남구	www.hellomuseum.com	02-562-4420
8	암사동선사유적지	서울특별시 강동구	sunsa.gangdong.go.kr/main.jsp	02-3426-3857
9	강동어린이회관	서울특별시 강동구	www.gdkids.or.kr	02-486-3516
10	북서울 꿈의숲	서울특별시 강북구	dreamforest.seoul.go.kr	02-986-6304
11	허준박물관	서울특별시 강서구	www.heojun.seoul.kr	02-3661-8686
12	홍릉수목원	서울특별시 동대문구	www.kfri.go.kr/cms/133.do	02-961-2522
13	다문화박물관	서울특별시 마포구	multiculturemuseum.com	02-323-6848
14	월드컵공원	서울특별시 마포구	worldcuppark.seoul.go.kr	02-300-5500
15	마포보육정보센터	서울특별시 마포구	www.mcic.or.kr	02-308-0202
16	이대자연사박물관	서울특별시 서대문구	nhm.ewha.ac.kr	02-3277-3155
17	서대문자연사박물관	서울특별시 서대문구	namu.sdm.go.kr	02-330-8899
18	한전아트센터전기박물관	서울특별시 서초구	www.kepco.co.kr/museum/	02-2105-8190
19	서울숲	서울특별시 성동구	parks.seoul.go.kr.seoulforest	02-460-2912
20	삼성어린이박물관	서울특별시 송파구	kids.samsungfoundation.org	02-2143-3600
21	송파어린이문화회관	서울특별시 송파구	kids.songpa.go.kr	02-449-0505
22	LG사이언스홀	서울특별시 영등포구	www.lgscience.co.kr	02-3773-1053
23	KBS온라인오피스 견학홀	서울특별시 영등포구	office.kbs.co.kr.hall	02-781-2224
24	63빌딩	서울특별시 영등포구	www.63city.co.kr	02-789-5663
25	과자박물관 스위트팩토리	서울특별시 영등포구	www.lotteconf.co.kr	02-2670-6396
26	국립중앙어린이박물관	서울특별시 용산구	www.museum.go.kr	02-2077-9000

번호	현장학습 장소	소재지	사이트	전화
27	전쟁기념관	서울특별시 용산구	www.warmemo.or.kr	02-709-3139
28	국립민속박물관	서울특별시 종로구	www.nfm.go.kr	02-3704-4540
29	떡박물관	서울특별시 종로구	www.tkmuseum.or.kr	02-741-5447
30	남산한옥마을	서울특별시 중구	www.hanokmaeul.seoul.go.kr	02-2264-4412
31	덕수궁	서울특별시 중구	www.deoksugung.go.kr	02-771-9951
32	농업박물관	서울특별시 중구	www.agrimuseum.or.kr	02-2080-5727
33	화폐금융박물관	서울특별시 중구	museum.bok.or.kr	02-759-4126
34	경찰박물관	서울특별시 중구	www.policemuseum.go.kr	02-3150-3681
35	테마동물원쥬쥬	경기도 고양시	www.themezoozoo.or.kr	031-962-4500
36	일산호수공원	경기도 고양시	www.lake-park.com	031-961-2661
37	서울대공원	경기도 과천시	grandpark.seoul.go.kr	02-500-7882
38	마사박물관	경기도 과천시	museum.kra.co.kr	031-509-1283
39	국립현대미술관	경기도 과천시	www.moca.go.kr	02-2188-6137
40	아인스월드	경기도 부천시	www.aiinsworld.com	032-320-6000
41	부천로보파크	경기도 부천시	www.robopark.org	032-621-2090
42	한국만화박물관	경기도 부천시	www.komacon.kr/museum/	032-310-3090~9
43	율동공원	경기도 성남시	www.yuldongpark.com	031-702-8713
44	신구대학식물원	경기도 성남시	www.sbg.or.kr	031-723-6677
45	분당중앙공원	경기도 성남시	www.e-park.or.kr	031-729-4907
46	철도박물관	경기도 의왕시	info.korail.com	031-461-3610
47	삼성화재교통박물관	경기도 용인시	www.stm.or.kr	031-320-9909
48	경기도박물관	경기도 용인시	www.musenet.or.kr	031-588-2300
49	에버랜드	경기도 용인시	www.everland.com/	031-320-5000
50	민속촌	경기도 용인시	www.koreanfolk.co.kr	031-286-2111
51	한터조랑말농장	경기도 용인시	www.gohanter.com	031-332-3695
52	파주 나비나라 박물관	경기도 파주시	www.nabynara.com	031-955-3727
53	한립토이뮤지엄	경기도 파주시	www.hanliptoymuseum.co.kr	031-957-8470
54	딸기가좋아	경기도 파주시	www.dalki.com	031-949-6719
55	옥토끼우주센터	인천 강화군	www.oktokki.com	032-937-6971

저자 소개

김희진 : 이화여자대학교 유아교육과 교수

김현주 : 예일유치원 원장

김은영 : 분당구청어린이집 원장

최명희 : 마포보육정보센터장

어린이교육의 기본 바로 알기 시리즈 1

현장학습 바로 알기

초판 1쇄 발행 2011년 6월 25일
2쇄 발행 2012년 4월 20일

지은이 | 김희진 · 김현주 · 김은영 · 최명희
펴낸이 | 김기섭
편집인 | 박연순
펴낸곳 | 창지사 www.changjisa.com
121-809 서울시 마포구 대흥동 161
전화 (02) 719-2211~3
팩스 (02) 701-9386
등 록 | 1977년 4월 28일 · 제1-421호

ISBN 978-89-426-0640-5 (93370)

값 6,000원